Nikolaus B. Enkelmann

# Optimismus ist Pflicht!

*Gewidmet meiner Tochter Claudia,
die meine Philosophie in das
nächste Jahrtausend tragen wird.*

Nikolaus B. Enkelmann

# Optimismus ist Pflicht!

Wie wir mit der richtigen
Lebenseinstellung
mehr erreichen

GABAL

Bibliografische Information der Deutschen Nationalbibliothek

Die Deutsche Nationalbibliothek verzeichnet diese Publikation in der Deutschen Nationalbibliografie; detaillierte bibliografische Informationen sind im Internet über http://dnb.d-nb.de abrufbar.

ISBN 978-3-86936-014-0

Überarbeitete Neuausgabe von Nikolaus B. Enkelmann „Erfolg ist so einfach".

Umschlaggestaltung: Martin Zech Design, Bremen (www.martinzech.de)
Umschlagfoto: gio_banfi/iStockphoto
Satz, Druck und Bindung: Salzland Druck, Staßfurt

© 2009 GABAL Verlag GmbH, Offenbach

Alle Rechte vorbehalten. Vervielfältigung, auch auszugsweise, nur mit schriftlicher Genehmigung des Verlages.

Abonnieren Sie unseren Newsletter unter:
www.gabal-verlag.de

# Inhalt

Vorwort .................................. 7

Einleitung ............................... 10
Der Erfolgstrainer Nikolaus B. Enkelmann ........ 10
Zum Glück gibt es Krisen .................. 14
Was ist Erfolg? ........................... 19
Test: Wie optimistisch sind Sie? .............. 25
Was ist Optimismus? ...................... 29
Die Grundgesetze der Lebensentfaltung ......... 38
Wünschen – Planen – Wagen – Siegen .......... 40

Kapitel 1: Wünschen ...................... 42
Aller Anfang ist ... ein Gedanke ............... 42
Aus Wünschen werden Ziele ................ 48
Große Persönlichkeiten haben große Träume ....... 54
Grundlagen des erfolgreichen Wünschens ......... 58
Die Bedeutung der Konzentration ............. 63
Test: Was für ein Selbstbild haben Sie? .......... 69

Kapitel 2: Planen ......................... 72
Optimismus gehört dazu! ................... 72
Ihr wichtigster Helfer: Das Unterbewusstsein ...... 80
Die erfolgreiche Selbstmotivation .............. 90
Die Balance: Yin und Yang .................. 98
Zeit ist Erfolg – Die richtige Planung ........... 102
Test: Wie stark sind Sie belastet? .............. 113

Kapitel 3: Wagen ......................... 116
Haben Sie Mut? ........................... 116
Die Macht der Begeisterung ................. 125
Bleiben Sie am Ball – Mit Ausdauer zum Erfolg ..... 130

Ein Misserfolg ist keine Katastrophe . . . . . . . . . . . . **137**
Test: Wie mutig sind Sie? . . . . . . . . . . . . . . . . . . . **144**

**Kapitel 4: Siegen** . . . . . . . . . . . . . . . . . . . . . . . . **148**
Die Nummer 1 werden – und bleiben . . . . . . . . . . **148**
Die Eigenschaften des Siegers . . . . . . . . . . . . . . . . **154**
Die Erfolgsformel . . . . . . . . . . . . . . . . . . . . . . . . **160**
Erfolgsrezepte kurz und bündig . . . . . . . . . . . . . . **165**
Test: Sind Sie ein Optimist? . . . . . . . . . . . . . . . . . **170**

**Nachwort** . . . . . . . . . . . . . . . . . . . . . . . . . . . . . **173**

**Literaturverzeichnis** . . . . . . . . . . . . . . . . . . . . . **175**

# Vorwort

Liebe Leserin, lieber Leser,

wer im Leben erfolgreich sein will, der kann dies nur mit einer optimistischen Lebenseinstellung, denn der Pessimist stellt sich täglich selbst ein Bein. Für den Optimisten ist es viel leichter, erfolgreich zu werden und zu bleiben; und nur der optimistische Erfolgreiche kann seinen Erfolg auch genießen und glücklich werden. Wir wollen Ihnen mit diesem Buch zeigen, wieso gerade Optimisten so erfolgreich sind und wie auch Sie zu einem solchen Menschen werden können.

**Optimisten sind erfolgreich**

„Wissen ist Macht", sagt der Volksmund. Aber stimmt das denn wirklich? Verändert schon das Wissen allein unsere Welt und unseren Alltag? Wenn Sie krank sind, nützt es Ihnen auch nichts, den Beipackzettel Ihrer Medikamente nur zu lesen – Sie müssen sich die Pillen schon einverleiben, um die gewünschte Wirkung zu erzielen.

**Ist Wissen Macht?**

Dieses Buch ist ein Arbeitsbuch, Ihr wertvollstes Arbeitsbuch auf dem Weg zum Erfolg. Ihre aktive Mitarbeit ist gefragt! Wir zeigen Ihnen, wie Sie Ihr Wissen und Können aktivieren, optimieren und Erfolg bringend anwenden können. Die zahlreichen Trainingsblöcke haben das Ziel, Ihr Unterbewusstsein zu aktivieren und führen Sie zu einer Bewusstseinserweiterung. Die intensive Beschäftigung mit diesem Training bewirkt eine automatische Verhaltensänderung und maximiert Ihren Erfolgsquotienten.

**Ihre Mitarbeit ist gefragt**

Die wichtigsten Stellen haben wir im Text besonders hervorgehoben und Sie sollten die Aussagen, die für Sie persönlich besonders wichtig sind, als Affirmationen verwenden. Am

**Drei Diamanten am Ende jedes Kapitels**

Ende eines jeden Kapitels haben wir die drei wichtigsten Punkte zusammengefasst: die „Drei Diamanten". Diese Gedanken und Erkenntnisse werden sich fest in Ihrem Gedächtnis verankern.

**Markieren und notieren Sie!** Arbeiten Sie aktiv mit, streichen Sie mit farbigen Textmarkern an, was für Sie persönlich von Bedeutung ist – was Sie selbst markieren, bleibt Ihnen noch besser im Gedächtnis haften und kann von dort seine Wirkung entfalten. Notieren Sie sofort, was Sie anwenden und umsetzen wollen. So wird das Buch für Sie zum täglichen Begleiter und gleichzeitig zum Meilenstein Ihrer persönlichen Entwicklung. Mit dieser effektiven Methode machen Sie sich im Laufe der nächsten Zeit die „Erfolgsprinzipien der Optimisten" zu eigen. Sie werden Ihnen im Alltag eine wertvolle Hilfe sein.

Das Wissen von Glück und Erfolg ist so alt wie die Menschheit selbst und wird durch die neuesten psychologischen Untersuchungen bestätigt. Wir haben dieses Wissen für Sie so aufbereitet, dass Sie es in Ihrem täglichen Handeln sofort einsetzen können und der Erfolg nicht auf sich warten lässt.

**Vereinfachen Sie!** Von Konrad Adenauer habe ich gelernt, Dinge zu vereinfachen, um auf den Punkt zu kommen. Viele Menschen neigen dazu, selbst einfache Dinge zu problematisieren. Da dadurch eine Sache immer komplizierter wird, haben sie kaum noch den Mut, überhaupt etwas anzufangen. Wenn wir die Natur beobachten, dann ist stets aus einfachen Anfängen etwas Großartiges geworden. Ich weiß nicht, ob es Wunder gibt, aber für mich ist das größte Wunder, dass aus einer kleinen Eichel eine große gewaltige Eiche werden kann. Lernen Sie darum, Dinge zu vereinfachen, so können Sie sich auf den Kern konzentrieren. Das Wachsen, die Weiterentwicklung, die Höherentwicklung, das Blühen und die Erfolge kommen dann alleine. Vertrauen Sie als Optimist den Gesetzen der Natur.

Symbole, die wir im Text zur visuellen Unterstützung verwendet haben:

Training: Die intensive Beschäftigung mit dem Thema aktiviert Ihr Unterbewusstsein und unterstützt Ihre optimistische Lebenseinstellung.

Merksätze: Die Yin-Yang-Figur kennzeichnet wichtige Textpassagen. Prägen Sie sich diese Sätze ein und verwenden Sie sie als Affirmationen.

Die „Drei Diamanten": Die wichtigsten Aussagen des Kapitels auf einen Blick.

# Einleitung

*„Der Optimist denkt ebenso einseitig wie der Pessimist. Nur lebt er froher."*

Charlie Rivel

**Der Erfolgstrainer
Nikolaus B. Enkelmann**

Glauben Sie, ...

... dass Sie noch seelische Kraftreserven haben?
... dass Misserfolge Ihre Lebenszeit verkürzen können?
... dass Sie Ihren Partner glücklich und erfolgreich ma-chen können?
... dass Sie Ihren Willen trainieren und verstärken können?
... dass sich Ihre Probleme auf die Menschen in Ihrer Umgebung auswirken?
... dass man lernen kann, Menschen positiv zu beeinflussen?
... dass Sie Ihre eigene Zukunft positiv beeinflussen können?
... dass man die Kunst der Menschenführung erlernen kann?
... dass Ihre Kinder positive Vorbilder brauchen?
... dass man lernen kann, noch erfolgreicher zu sein?

Wenn Sie auf die meisten dieser Fragen mit „Ja" antworten, dann sind Sie bei Nikolaus B. Enkelmann genau richtig. Haben Sie dagegen überwiegend mit „Nein" geantwortet, dann wird es höchste Zeit, dass Sie sich jetzt mit der Enkelmann-Erfolgsmethodik vertraut machen.

Nikolaus B. Enkelmann zählt zu den erfolgreichsten Persönlichkeitstrainern Deutschlands. Bekannt wurde er durch seine sechs Bücher, über 40 Suggestiv- und Vortragskassetten und zahlreiche Radio- und Fernsehinterviews sowie Hypnosesendungen bei RTL und im ZDF. Er geht davon aus, dass Erfolg „erfolgt", nämlich immer dann, wenn die eigene positive Energie genutzt wird, um den Lebensweg und die Ziele selbständig zu bestimmen.

Seine Philosophie lautet:

**Erfolg im Leben ist das Ergebnis unseres Denkens.**

Das von ihm erstmals angewandte mentale Training bei Spitzensportlern der deutschen Alpinen Damen-Nationalmannschaft und der österreichischen Olympiamannschaft der Skispringer führte zu Goldmedaillen und großen Erfolgen. Er trainiert Mitarbeiter vieler bedeutender Unternehmen, Top-Manager, Ärzte, Sportler und Angehörige aller Berufsgruppen genauso wie Hausfrauen, Schüler und Studenten. Das Ziel aller seiner Seminare ist der harmonische und selbstbewusste Mensch, der seine Zukunft erfolgreich gestaltet und der Gesellschaft Nutzen bringt.

*Mentales Training für Spitzenleistungen*

> **Alles was lebt, braucht Erfolg.
> Erfolg ist nur ein anderes Wort für Leben.**

**Die Voraussetzungen für den Erfolg liegen im Menschen selbst**

Mit diesen Worten stimmt der Motivator und Erfolgstrainer die Teilnehmer der Seminare in seinem Institut für Persönlichkeitsbildung und Zukunftsgestaltung in Königstein auf seine Veranstaltungen ein. Nikolaus B. Enkelmann versteht es, die Zuhörer zu faszinieren und vor allem zu Höchstleistung zu motivieren. Immer mehr Menschen lassen sich von seinem Erfolgssystem coachen: Jeder kann morgen etwas werden, das er heute noch nicht ist. Der Weg zum privaten und beruflichen Erfolg steht jedem frei. Jeder Mensch kann den Mut zur Selbstbestimmung entwickeln, seine Ausstrahlung optimieren und ein erfülltes Leben führen; die Voraussetzungen dafür liegen im Menschen selbst und warten nur darauf, aktiviert zu werden.

**Die Kraft der Wünsche stärken**

Auf eindrucksvolle Weise behandelt Nikolaus B. Enkelmann die existentiellen Fragen der Menschheit, die Fragen nach dem Sinn des Lebens und nach den Bedingungen des Erfolgs. Sein Anliegen ist es, die Kraft der Wünsche seiner Zuhörer zu stärken, denn je mehr ein Mensch seine Wünsche und Ziele liebt, um so eher wird er sie auch erreichen. Wer keine Ziele ansteuert und seine Zukunft nicht plant, der hat auch keine. Doch wer im Vertrauen auf sein Ich handelt, der erkennt schnell, dass er auch die größten Ziele realisieren kann.

**Lassen Sie sich aufrütteln ...**

Nikolaus B. Enkelmann rüttelt auf. Er kennt die Ängste und Wünsche seiner Seminarteilnehmer und gewinnt ihr Vertrauen. Nicht zuletzt durch seine exzellente Rhetorik zieht er das Publikum in seinen Bann. Das beweisen die leuchtenden Augen in den Seminarpausen und die großen Erfolge ehemaliger Teilnehmer.

Deshalb kommen folgende Personengruppen für seine zahlreichen Vorträge, Seminare und Bücher **nicht** in Frage:

... und provozieren!

- Wer seine Ideen und Einfälle verkommen lassen möchte.
- Wer gerne meckert und ohne Feinde nicht leben kann.
- Wer daran glaubt, ein minderwertiger Mensch zu sein und es bleiben möchte.
- Wer arm ist und es bleiben möchte.
- Wer sich scheinbar am glücklichsten fühlt, wenn er keinen Finger zu rühren braucht.
- Wer sich als Pechvogel wohlfühlt und kein Glückspilz werden möchte.
- Wer mit einem völlig zügellosen und unproduktiven Leben zufrieden ist.
- Wer nur Zuschauer des Lebens sein möchte.
- Wer über seine Probleme gerne klagt und sich von anderen bedauern lassen möchte.
- Wer sich gerne sorgt und vor Angst zittern möchte.
- Wer viel und schwer arbeiten möchte, ohne Erfolg zu haben, denn unser Buch könnte ihn dazu animieren, seine Arbeit zu lieben und viel zu verdienen.

Diese Menschen sollten sich von Nikolaus B. Enkelmann fern halten, denn seine Ideen und seine Methode könnten die Menschen dazu verleiten, ihr Leben zu lieben, es voller Freude und Engagement selbst zu gestalten und dabei auch noch glücklicher und erfolgreicher zu sein!

Nikolaus B. Enkelmann strahlt Begeisterung aus und gibt sie an seine Zuhörer weiter: Und wenn Sie nach ein paar Tagen das Seminar verlassen, sind sie alle selbstbewusster und optimistischer. Sie wissen, dass sie mit innerer Ruhe und im Vertrauen auf ihre Ziele einen neuen erfolgreichen Weg beschreiten werden.

**Sie erhalten Zuversicht und Mut**

Nikolaus B. Enkelmann gibt den Menschen Zuversicht und Glauben; er macht ihnen Mut, alle Wünsche und selbst die kühnsten Träume für realisierbar zu halten – und sie zu verwirklichen!

## Zum Glück gibt es Krisen

Warum ist das Gedächtnis der Menschen nur so schlecht???

Krisen – politische, geschäftliche und persönliche Krisen – hat es schon immer gegeben. Krisen entstehen immer dann, wenn eine natürliche Innovation ausbleibt. Denn Innovation, also Weiterentwicklung, ist das Prinzip der Natur. Alles, was lebt, wächst. Aber allzu oft wird dieser Wachstumsprozess blockiert.

**Sind Krisen Wake-up-calls?** „Es läuft doch alles so gut, warum sollten wir etwas ändern?" „Wir haben doch die Wahl gewonnen!" So und ähnlich lauten die Ausreden. Vielleicht schlägt uns das Schicksal mit einer Krise auf die Finger, damit wir aufwachen. Aufwachen, um einen neuen kreativen Prozess einzuleiten.

Heraklit formulierte vor unserer Zeit: „Alles fließt, alles wandelt sich, die einzige Konstante ist die Wandlung."

In den letzten zehn Jahren hat sich auf dieser Welt mehr verändert als in den hundert Jahren davor. Alles wandelt sich – nur nicht die Gesetze des Wandels.

**Mut haben, an sich selbst zu glauben** Es ist erstaunlich, an was Menschen alles glauben können, wenn sie nur glauben wollen. Leider glauben die Menschen nicht an ihre Reserven, an ihr großes, eigenes Potential. Menschen sind begabter und befähigter, als sie den Mut haben, es selbst zu glauben. Sie können sehr viel mehr, als sie sich zutrauen. Das können wir aus Tausenden von Biographien lernen.

Alle sprechen von der Krise – wir nicht. Die Zukunftsprognosen der meisten Medien sind pessimistisch. Ist dieser Pessimismus nun Wegweiser in unserer Zukunft? Die pessimistischen Headlines haben sich inzwischen in so vielen Gehirnen festgesetzt, dass daraus vielfach eine negative und lähmende Überzeugung geworden ist.

Haben wir die Grenzen des Wachstums erreicht? Leben heißt: Altes stirbt, Neues wird. Auch im wirtschaftlichen Leben sieht das nicht anders aus. In der Wirtschaft wie beim einzelnen Menschen gibt es stets zwei Möglichkeiten: sich auf vergangenen Erfolge auszuruhen oder sie zu verlängern und zu erneuern. Wir sollten in diesem Zusammenhang nie die Maxime vergessen: Stillstand ist Rückschritt.

**Stillstand ist Rückschritt**

Zu allen Zeiten großer Krisen gab es positive und negative Beispiele, einige Firmen meldeten Konkurs an, wo andere Millionen Umsätze machten. Der eine klagte, der andere baute auf. Ausgangspunkt für unsere Überlegungen ist die Frage, warum es dem einen besser und dem anderen weniger gut geht – trotz gleicher Voraussetzung? Ist das Zufall oder Planung? Am Anfang ist immer ein Gedanke, ihm folgt die Idee, ihr die Tat.

Wir kennen aus der Medizin den Placebo-Effekt, den Erwartungs-Effekt. Ein Placebo sieht aus wie eine Arznei, enthält jedoch keinen Wirkstoff. Placebos werden zuweilen von Ärzten verordnet, wenn der Patient das starke Bedürfnis nach Tabletten hat. Fühlt sich der Patient nach der Einnahme besser, ist dies ein psychologischer Effekt. Ein Placebo kann aber nicht nur positiv wirken. Bei einer negativen Erwartungshaltung wirkt das Placebo vernichtend.

**Was erwarten wir?**

In Chicago bildete man zwei Studentengruppen. Die gemeinsame Aufgabe hieß, weiße Ratten zu dressieren. Der ersten Gruppe wurde die Information gegeben, es handle sich um sehr intelligente Ratten aus einer besonderen Zucht. Der zweiten Gruppe teilte man mit, es handle sich um Ratten ganz normaler Herkunft. Nach vier Wochen wurden die Dressurleistungen miteinander verglichen. Das Ergebnis war wie erwartet: Die erste Gruppe hatte besser dressierte Ratten als die zweite Gruppe, obwohl alle Tiere gleicher Herkunft waren.

**Was ich nicht weiß ...**
Ein anderes Beispiel las ich vor vielen Jahren: Ein Franzose wanderte nach Amerika aus und gründete dort eine französische Weingroßhandlung. Sein Unternehmen wuchs und wurde sehr bekannt. Zum 25-jährigen Geschäftsjubiläum gab er ein Fest mit vielen Ehrengästen und Journalisten. Einer der Journalisten stellte dem Weingroßhändler die Frage: „Sie haben sich zur Zeit der Weltwirtschaftskrise selbständig gemacht, ihren Betrieb aufgebaut und vergrößert. Was haben Sie für ein Erfolgssystem?" „Sie werden mich auslachen, wenn ich es Ihnen erzähle", antwortete der Franzose. „In den ersten Jahren hier in Amerika waren meine Englischkenntnisse so dürftig, dass ich keine Zeitung lesen konnte. Deshalb wusste ich gar nichts von der Krise."

**Beachtung schafft Verstärkung**
Alles lebt aus der Beachtung und hört auf zu sein durch Nichtbeachtung. Nur das, was wir beachten, hat für uns Bedeutung. Gerade in der heutigen Zeit sollten wir stärker auf unsere positiven Möglichkeiten und Chancen achten, Krisennachrichten sollten wir keine Aufmerksamkeit schenken.

Diese Einstellung erzeugt Optimismus. Optimismus bedeutet, dass man die feste Erwartung hat, dass sich trotz Rückschlägen und Enttäuschungen letztlich alles zum Besten wenden wird. Optimismus ist daher – genauso wie die Hoffnung – ein guter Vorhersagemaßstab.

„Pessimisten küsst man nicht", sagt Professor Martin Seligmann. Die Bundesregierung kann nur den großen Rahmen bestimmen, Sie aber können mit Ihrer Einstellung bestimmen, wie weit Sie Ihren persönlichen Rahmen, Ihre persönlichen Möglichkeiten ausschöpfen.

Finden Sie positive Antworten:

Ich strahle Optimismus aus, weil ich

Ich kann Menschen begeistern, weil ich

Ich habe ein gutes Namensgedächtnis, weil ich

Ich habe eine gute Partnerschaft, weil ich

Mein Unternehmen ist erfolgreich, weil

Unsere Produkte und Dienstleistungen sind spitze, weil

Meine Kunden können sich auf meine Aussagen verlassen, weil ich

Ich habe erfolgreiche Kunden, weil

Wenn Sie über diese positiven Suggestivfragen nachdenken, aktivieren Sie den kreativen Teil Ihres Unterbewusstseins und neue Chancen und Möglichkeiten leuchten auf.

**Werden Sie ein Alchimist!** Wenn Sie immer wieder über Ihre positive Grundeinstellung meditieren, werden Sie automatisch neue Kräfte entwickeln. Ihre Blickrichtung heißt: „Die Krise als Chance!" Sie gehören zu den Menschen, die ganz gezielt nach neuen Ideen Ausschau halten. Sie gehören zu dem Kreis, der ganz bewusst nach Chancen sucht und sie deshalb auch findet. Vielleicht werden Sie sogar ein psychologischer Alchimist, der in der Lage ist, Probleme in Glück zu verwandeln.

# Was ist Erfolg?

Sicher haben auch Sie sich schon viele Gedanken über den Erfolg gemacht. Die Tatsache, dass Sie dieses Buch erworben haben zeigt, dass Sie sich für Ihren persönlichen Erfolg interessieren. Zunächst einmal stellt sich die Frage, was Erfolg überhaupt ist und welche Bedeutung er für unser Leben hat. Norman Vincent Peale, der große amerikanische Lebensberater und Vater des positiven Denkens, hat beschrieben, wie der erfolgreiche Mensch aussehen sollte:

*„Um erfolgreich zu sein, muss man innerlich organisiert, ruhig, sicher, philosophisch, umgänglich, zuversichtlich und mutig sein. All das, nichts weniger. Man muss aus sich herausgehen, hilfreich, besorgt, teilnehmend und aufbauend sein. Man muss von dem geben, was man besitzt und ein soziales Ziel haben. Kurz, man sollte versuchen, alles und jedermann, mit dem man in Berührung kommt, ein wenig besser zu machen."*
(Peale, 1986, S. 204)

**Die soziale Komponente des Erfolgs**

Seiner Ansicht nach entstehen Erfolg oder Misserfolg im Leben aus der Art und Weise, wie man mit den geistigen und materiellen Besitztümern umgeht, über die man verfügt. Je optimistischer ein Mensch dabei ist, um so eher hat er die innere Ruhe und Kraft, um auch schwere Zeiten mit Erfolg durchzustehen.

Was bedeutet „Erfolg" für Sie, verehrte Leserin, verehrter Leser? Nehmen Sie sich zur Beantwortung der folgenden Trainingsblöcke ruhig ein wenig Zeit!

**Training:**

Setzen Sie sich einmal ganz bewusst mit dem Begriff „Erfolg" auseinander und versuchen Sie, kurz und knapp zu definieren, was Sie unter „Erfolg" verstehen:

Denken Sie nun an erfolgreiche Menschen, die Sie kennen. Wer fällt Ihnen da ein? Zählen Sie mindestens fünf Personen auf und schreiben Sie auch auf, welche Verhaltensweisen ihren Erfolg verursachen:

ist erfolgreich, weil

Welche Leistungen oder Ergebnisse würden Sie als persönlichen Erfolg bezeichnen?

Auf welchem Gebiet waren Sie in den letzten Tagen oder Wochen erfolgreich?

**Erfolg ist nicht nur materiell**  Sie haben sicher festgestellt, dass Erfolg nicht zwangsläufig mit Geld und materiellen Gütern gleichzusetzen ist. Spätestens durch dieses Training wird den meisten Menschen klar, dass es mehr gibt als Erfolg im Beruf und das Erfolge in den verschiedensten Lebensbereichen zu finden sind: Es kann für jemanden ein großer Erfolg sein, wenn er einen Wettkampf gewinnt oder eine Prüfung besteht, ein anderer ist stolz darauf, in sein eigenes Haus einzuziehen. Sie können ein wertvolles Bild ersteigern, Ihre Traumfrau heiraten, jemanden in einer schwierigen Angelegenheit behilflich sein, Ihre Steuererklärung selbst verfassen, Gitarrespielen lernen, Ihren Kindern bei den Hausaufgaben helfen, einen Kurs in Aquarellmalen absolvieren oder jeden Monat einige hundert Euro sparen – all das und noch viel mehr kann einen Erfolg bedeuten!

Seit über dreißig Jahren habe ich mich damit beschäftigt, was den Menschen glücklich und erfolgreich macht. Ich habe in dieser Zeit mit vielen tausend erfolgreichen Menschen gesprochen und mich intensiv mit den großen Denkern unserer Zeit beschäftigt. Schließlich habe ich erkannt, dass die großen Weisheiten zumeist ganz einfach sind und so nahe liegend, dass man Gefahr läuft, sie zu übersehen. Im Laufe der Jahre reifte die folgende Erkenntnis heran: Wir alle leben in einer Welt voller Probleme und darum definieren wir:

> **Erfolg ist die Kunst, Probleme zu lösen und Hindernisse zu überwinden.**

Wenn Sie sich mit diesem Gedanken eine Zeit lang befassen, stehen Sie automatisch vor der Frage: „Bin ich nun ein Mensch, der Probleme löst, oder ein Mensch, der Probleme verursacht?" Vielleicht kommen Sie zu der Erkenntnis: „Das größte Problem bin ich selbst."

Gerade dann wird es höchste Zeit, dass Sie Teil der Lösung werden und lernen, aktiv Probleme zu lösen.

Erfolg ist keine einmalige Angelegenheit und auch kein Zufall, sondern Erfolg will immer neu erobert werden. Der Schluss „einmal erfolgreich, immer erfolgreich" ist falsch. Erfolg erfordert kontinuierliches Engagement und permanente Beschäftigung mit den Zielen, die man erreichen möchte.

**Erfolg ist nicht dauerhaft, aber wiederholbar**

Sicherlich war es ein Erfolg für *Bill Clinton*, zum Präsidenten der Vereinigten Staaten gewählt zu werden. Aber wird er deshalb immer erfolgreich sein? Natürlich nicht, denn seine weiteren Erfolge hängen ab von seiner Begeisterung und dem Engagement für seine Ziele und von seiner Fähigkeit, anstehende Probleme zu erkennen und zu lösen. Im Bestreben, Probleme zu lösen, wächst der Mensch über sich selbst hinaus und erreicht so seine Ziele. *Im Mittelpunkt des Erfolgs steht immer der Mensch* – mit seinen Fähigkeiten, seiner Kreativität, seiner Energie und seinem Willen, mit seiner Leistung und Begeisterungsfähigkeit.

> **Erfolg ist kein Stillstand, kein Geschenk und auch kein Zufall, sondern ein lebenslänglicher Wachstumsprozess.**

Viele positive Wörter, die zum Erfolg beitragen, beginnen mit „E", so zum Beispiel:

**„Erfolgswörter"**

| | |
|---|---|
| Ebenbild | Eigeninitiative |
| Echtheit | Einatmen |
| Ehre | Einfall |
| Eigendynamik | Einmaligkeit |
| Einsatz | Erfahrung |
| Einsicht | Erfindung |

| | |
|---|---|
| Einstellung | Ergänzung |
| Elan | Erkenntnis |
| Elite | Erlebnis |
| Energie | Erleuchtung |
| Entfaltung | Esprit |
| Enthusiasmus | Etappe |
| Entscheidung | Euphorie |
| Entschlossenheit | Evolution |
| Entwicklung | und so weiter. |

**Training:**

Sicherlich fallen Ihnen hier noch mehr Begriffe ein; schreiben Sie diese auf und verankern Sie diese „Erfolgswörter" in Ihrem Gedächtnis:

**Jeder ist seines Glückes Schmied**

Erfolg ist nichts, was Ihnen zufällt oder was andere für Sie erreichen können; Sie müssen schon selbst aktiv werden. Wir können Ihnen in diesem Buch wichtige Hilfestellung leisten, wir können Ihnen mit Rat und Tat und unserem Erfahrungsschatz Unterstützung geben. Doch diese Ratschläge in Handlungen umsetzen und Ihre Ziele ansteuern müssen Sie schon selbst. Der wirkliche Erfolg hängt allein von Ihrem Verhalten, Ihrer Persönlichkeit und vor allem Ihrer Einstellung ab. Vielleicht steht inzwischen Ihr Entschluss fest:

> Ich kann, ich will und ich werde Probleme lösen. Ich bin ein Teil der Lösung, nicht ein Teil des Problems.

Die „Drei Diamanten":

- Erfolge sind gelöste Probleme.
- Im Mittelpunkt des Erfolgs steht immer der Mensch.
- Erfolg ist eine Frage meines Verhaltens und meiner Einstellung.

## Test: Wie optimistisch sind Sie?

Wenden wir uns nun einer Grundvoraussetzung des Erfolges zu: dem Optimismus. Wir gehen davon aus, dass nur der optimistische Mensch im Leben erfolgreich sein wird und dass diese zuversichtliche Lebenseinstellung erlernt und verstärkt werden kann. Kein Mensch ist dazu verdammt, für immer als Pessimist zu leben.

*Eine optimistische Lebenseinstellung ist erlernbar*

Sicher fragen Sie sich bereits: „Wie optimistisch bin ich eigentlich?" – „Kann und sollte ich meinen Optimismus noch verstärken?" Der folgende Test wird Ihnen einen Spiegel vorhalten. Das Ergebnis dieses Tests wird Sie beurteilen, aber nicht verurteilen, denn Sie entscheiden, wie es in Ihrem Leben weitergeht und dieses Trainingsbuch wird Ihnen dabei helfen.

*Sie entscheiden, wie es weitergeht*

Lesen Sie sich die folgenden Aussagen durch und kreuzen Sie dann spontan an, was auf Sie zutrifft oder nicht zutrifft. Je spontaner Sie auf die Fragen antworten, um so genauer wird Ihr Ergebnis sein:

**Test: Sind Sie ein Optimist?**
**Durch welche Brille sehen Sie Ihre Welt?**

| | Trifft zu | Trifft nicht zu |
|---|---|---|
| 1. Die meisten Menschen sind sehr freundlich zu mir. | ○ | ○ |
| 2. Ich mache mir wenig Sorgen über Dinge, auf die ich keinen Einfluss nehmen kann (Katastrophen, Tod, Wetter usw.). | ○ | ○ |
| 3. Ich sage häufiger Ja als Nein. | ○ | ○ |
| 4. Man kann mich nicht leicht entmutigen. | ○ | ○ |
| 5. Ich glaube an das Gute in der Welt. | ○ | ○ |
| 6. Ich muss nicht perfekt sein. | ○ | ○ |
| 7. Ich kann aus vollem Herzen lachen. | ○ | ○ |
| 8. Ich habe mich heute schon gelobt. | ○ | ○ |
| 9. Ich denke weniger über meine Misserfolge nach als über meine Erfolge. | ○ | ○ |
| 10. Ich bin oft guter Laune und begeistert. | ○ | ○ |
| 11. Ich kann mich gut konzentrieren. | ○ | ○ |
| 12. Ich kann Komplimente akzeptieren und mich darüber freuen. | ○ | ○ |
| 13. Ich glaube, dass sich alles zum Guten wenden wird. | ○ | ○ |
| 14. Ich fühle mich vital und gesund. | ○ | ○ |
| 15. Ich bin ein Glückspilz bzw. Sonntagskind. | ○ | ○ |
| 16. Hindernisse motivieren mich – ich bin sehr beharrlich. | ○ | ○ |

17. Meine Zukunft wird schön.

18. Ich kann anderen Menschen Mut machen.

19. Von kleinen Missgeschicken lasse ich mir nicht den Tag verderben.

20. Ich kritisiere andere nur selten.

21. Ich bin mutig.

22. Meine Erfolge habe ich selbst verursacht.

23. Ich habe viele positive Eigenschaften.

24. Ich lasse mich von Hindernissen nicht abhalten.

25. Ich glaube, dass Erfolg der natürliche Weg meiner Entwicklung ist.

26. Erfolg ist kein Zufall.

27. Es gibt viele Dinge, auf die ich mich in den nächsten Tagen freue.

28. Ich beschwere mich selten.

29. Ich habe gute Erinnerungen an meine Vergangenheit.

30. Die Lösung schwieriger Probleme gelingt mir immer, wenn ich mich darum bemühe.

31. Meine Freunde finden, dass ich sehr sympathisch und positiv bin.

32. Was auch immer passiert, ich werde schon klarkommen.

**Auswertung:**
Bitte zählen Sie aus, wie häufig Sie die Kategorie „Trifft zu" angekreuzt haben.

**Weniger als 10 Kreuzchen in der Kategorie „Trifft zu":**
Gratulation, Sie haben das richtige Buch erworben! Sie sollten es sehr aufmerksam und konzentriert durcharbeiten. Wir wissen nicht, warum Sie gerade so pessimistisch sind, vielleicht hatten Sie in letzter Zeit zu viele Misserfolge oder Ihre Eltern haben Ihnen das Vertrauen in die Welt madig gemacht, indem sie Dinge sagten wie zum Beispiel: „Vögel, die früh singen, holt am Abend die Katze." Was auch immer es ist, das Ihnen die Freude am Leben verdorben hat: Sie können die Vergangenheit nicht ändern. Aber Sie haben die Möglichkeit, Ihre Einstellung zu verändern und täglich etwas positiver und optimistischer zu werden. Vertrauen Sie auf Ihre Fähigkeiten und lassen Sie sich auf unsere Erfahrung und unser Training ein. Erkenntnis ist der erste Schritt auf dem Weg in Ihre positive Zukunft. Sie werden täglich kleine und größere Erfolgserlebnisse haben, die Sie in kurzer Zeit zum fröhlichen Optimisten werden lassen!

**Zwischen 11 und 24 Kreuzchen in der Kategorie „Trifft zu":**
Sie sind auf dem richtigen Weg. Grundsätzlich haben Sie eine optimistische und positive Lebenseinstellung. Ab und zu lassen Sie sich jedoch von anderen Menschen und von kleinen Misserfolgen den Mut nehmen und die Laune verderben. Möglicherweise gelingt es Ihnen in bestimmten Situationen (noch) nicht immer, aus den gegebenen Voraussetzungen auch wirklich das Beste zu machen. Ihre Grundhaltung ist auf jeden Fall positiv und optimistisch und Sie werden durch unser Training Ihre Haltung noch verstärken. Die Trainingsblöcke in diesem Buch können Ihnen die entscheidenden Impulse geben, um noch zuversichtlicher zu werden und vor allem auch in kritischen und stressigen Situationen durch Ihre optimistische Ausstrahlung zu gewinnen. Sie werden von einem Trainingsweltmeister zu einem wahren Meister.

**Mehr als 24 Kreuzchen in der Kategorie „Trifft zu":**
Sollten Sie jetzt schon mehr als 24-mal „trifft zu" angekreuzt haben, dann sind Sie bereits Optimist. Sie verstehen es, allen Lebenslagen etwas Positives abzugewinnen. Betrachten Sie dieses Buch als angenehme Lektüre zur Auffrischung und Verstärkung; achten Sie auf die kleinen Kniffe und Aha-Effekte am Wegrand, sie können Ihre positive Lebenseinstellung unterstützen. Sie sind einer der wenigen wirklich positiven Menschen, nutzen Sie diese wertvolle Eigenschaft, um andere Menschen zu entzünden und zu begeistern. So können Sie Ihren Erfolg noch mehr steigern und man wird Sie lieben und bewundern.

## Was ist Optimismus?

Im Verlauf der letzten Seiten haben wir immer wieder den Begriff „Optimismus" erwähnt, ohne jedoch zu definieren, was wir darunter verstehen. Wir wollen uns diesen Begriff im Folgenden gemeinsam erarbeiten.

**Training:**

Wie würden Sie „Optimismus" definieren?

Wie sieht ein optimistischer Mensch aus?

Kennen Sie optimistische Menschen? Wen und woran erkennen Sie seinen/ihren Optimismus?

**Definitionen für „Optimismus"** Vielleicht haben Sie gemerkt, dass es gar nicht einfach ist, einen so alltäglichen Begriff zu definieren und einzugrenzen. In vielen Lexika und Nachschlagewerken wird der Begriff „Optimismus" gar nicht aufgeführt. In *Meyers Großem Taschenlexikon* finden wir folgende Definition:

*„Optimismus, im Gegensatz bzw. Unterschied zu Pessimismus, Skeptizismus, Nihilismus die Grundhaltung, die durch eine positive, bejahende Beurteilung und Wertung von Welt, Leben, von Leistungen und Möglichkeiten des Menschen, von Kultur, Geschichte, Fortschritt, von Realisierbarkeit von Freiheit und Utopie bestimmt ist. Sie geht von der seinsmäßigen Gutheit der Welt aus oder gründet sich auf die Annahme der Möglichkeit von Fortschritt."*

In *Kröners Philosophischem Wörterbuch* heißt es:

„*Optimismus (von lat. Optimum, das Beste), ist im Gegensatz zum Pessimismus diejenige Lebensanschauung oder Gemütsstimmung, welche die Dinge und Geschehnisse von der besten Seite auffasst, in allem einen guten Ausgang erhofft …*"

Kürzer und bildlich formuliert:

> **Während der Pessimist traurig behauptet, das Glas sei bereits halbleer, freut sich der Optimist darüber, dass es noch zur Hälfte voll ist.**

In ein und derselben Situation verhält sich also der Optimist grundlegend anders als der Pessimist. Ein und dieselbe Situation interpretieren sie völlig unterschiedlich. Dies wird vor allem dann deutlich, wenn etwas nicht so läuft, wie es ursprünglich geplant oder angestrebt war. Jeder sieht das, was er sehen will: *„Jeder sieht die Welt durch die Brille, die für seine Augen passt."* (Altes indisches Sprichwort)

**Unterschiedliche Interpretationen**

Der Pessimist sieht in einer Niederlage gleich eine Katastrophe. Er ist entmutigt und grübelt über die Gründe für sein persönliches Versagen nach, er sucht die Schuld dafür bei anderen oder in seinen eigenen Unzulänglichkeiten. Oft genug verdrängt er darüber sämtliche positiven Aspekte und auch frühere Erfolgserlebnisse.

**Pessimisten lassen sich entmutigen**

Der Optimist dagegen lässt sich nicht aus der Ruhe bringen. Selbst wenn im Moment nicht der gewünschte Erfolg eingetreten ist, so hat diese kleine Niederlage ja vielleicht den Sinn, dass er daraus etwas lernen kann oder dass die ganze Situation eine noch bessere Wendung nimmt, als er jetzt absehen

**Optimisten bewahren die Ruhe**

Im Leben ist alles eine Frage der Perspektive:

## *Optimistisch*

## *Pessimistisch*

**Im Leben ist alles eine Frage der Perspektive:**

kann. In einer solchen optimistischen Lebenseinstellung liegt eine der größten inneren Ressourcen der Persönlichkeit. Ein Optimist hat immer Pläne und Ziele für die Zukunft, der er gelassen entgegensieht, auch wenn in der Gegenwart nicht alles glatt läuft. Sein Motto lautet:

> **Alles wird gut, alles wird besser. Wo sich eine Tür schließt, öffnet sich eine neue.**

Der erfolgreiche Optimist schätzt seine Fähigkeiten und Handlungsmöglichkeiten als sehr positiv ein und glaubt daran, dass er sein Leben nach seinen Vorstellungen gestalten kann.

Sie können die Bedeutung des positiven Denkens nur dann verstehen, wenn es Ihnen gelingt, die im Gehirn ablaufenden Prozesse zu erkennen. Ist Ihnen schon einmal bewusst geworden, dass Sie nur jeweils einen Gedanken auf einmal denken können? Und dass dieser Gedanke *entweder* positiv oder negativ, *entweder* aufbauend *oder* zerstörend sein kann? Mischformen gibt es nicht! Das ist so wie mit einer Schwangerschaft: „halbschwanger" gibt es nicht!

*Positives Denken*

Ähnlich ist es bei einem Diaprojektor: Sie sehen immer nur ein Bild. Entweder ein schönes oder ein hässliches Bild, entweder steht es richtig herum oder auf dem Kopf. Das Entscheidende ist jedoch, dass Sie bestimmen können, welche Bilder Sie sehen wollen. *Sie* wählen die Motive aus, *Sie* sortieren die Abfolge. So ist es auch mit Ihren Gedanken: Wenn Sie lauter positive Gedanken denken, ist einfach kein Platz mehr für deprimierende Vorstellungen und Grübeleien. Sicher kann es Ihnen trotzdem passieren, dass einmal etwas schief läuft und das Gedanken-Dia auf dem Kopf steht. Doch wenn das Motiv stimmt, ist das nicht weiter schlimm: Sie drehen es einfach wieder richtig herum.

*Positive Gedanken lassen keinen Platz für Grübeleien*

Einleitung 33

**Den Blick auf neue Chancen richten**

Mit einer positiven Einstellung richten Sie automatisch den Blick immer wieder auf neue Chancen und die schönen Seiten des Lebens. Sie bewahren sich so die größten Aussichten auf Erfolg. Sie vertrauen auf sich und sind sich sicher, dass Ihr aktiver Einsatz auch belohnt wird: „Wenn ich mich aktiv einsetze, dann wird auch alles gut gehen."

**Pessimismus führt zu Handlungsunfähigkeit**

Eine pessimistische Grundhaltung dagegen macht Sie schnell handlungsunfähig:

- Pessimisten denken und reden solange negativ, bis die gefürchteten negativen Ereignisse Wirklichkeit werden (selbsterfüllende Prophezeiung).

- Negative Ereignisse werden überbewertet und als persönliche Niederlage angesehen. Pessimisten schieben vieles auf den Zufall und meinen, dass sie keinen Einfluss auf die Geschehnisse haben.

- Negative Gedanken lösen negative Gefühle aus wie Hilflosigkeit und Angst und führen langfristig zu Depressionen und zu einem geschwächten Immunsystem.

- Schließlich zeigen Pessimisten keine Aktivität und Begeisterung mehr, die notwendig wäre, um die nächste Aufgabe wieder mit Schwung und Zuversicht anzugehen.

**„Pessimisten küsst man nicht"**

Der Pessimist hat eine negative Einstellung zu sich selbst, zu seinen Mitmenschen und zur ganzen Welt. Er glaubt nicht an sich, nicht an andere und schon gar nicht an eine schöne Zukunft. Selbstverständlich wirkt sich dies auf das soziale Miteinander aus: Pessimismus ist nicht gefragt. Der Titel von Martin Seligman, dem renommiertesten Forscher auf diesem Gebiet, bringt es auf den Punkt: *„Pessimisten küsst man nicht"* – sie sind einfach nicht so sympathisch, wie sie sein könnten und es macht keinen Spaß, mit ihnen Zeit zu verbringen. Sie machen es einem nicht leicht, sie zu lieben. Denn sie mögen weder sich noch andere. Statt Schwarzmalerei ist vielmehr eine wohlwollende Einschätzung der persönlichen Stärken und Fähigkeiten gefragt, außerdem ein Plan, ein Ziel und das feste Vertrauen darauf, Erfolg zu haben!

Einen Optimisten erkennen Sie sofort an seinem Lachen und an seiner Fröhlichkeit. Er sorgt sich nicht um Ereignisse, auf die er sowieso keinen Einfluss hat, sondern überlegt, wo er etwas besser machen kann als beim letzten Mal. Kleine Misserfolge schrecken ihn nicht ab, sie spornen ihn an. Und selbst in der ausweglosesten Situation besitzt der Optimist immer noch die Fähigkeit, sich das Ideale, das Vollkommene vorzustellen und als Ziel zu setzen:

**Optimisten fallen auf**

**Optimisten sind Meister der Lebenskunst!**

Hoffnung, Zuversicht und Ausdauer sind seine treibenden Kräfte. Sein positives Denken zieht positives Handeln nach sich und führt zu den entsprechenden Erfolgen.

*Daniel Goleman* bestätigt in seinem Buch „Emotionale Intelligenz" unsere Erfolgs-Philosophie. Er schreibt:

*„Optimismus bedeutet, dass man, wie bei der Hoffnung, die feste Erwartung hat, dass sich trotz Rückschlägen und Enttäuschungen letztlich alles zum Besten wenden wird. Aus der Sicht der emotionalen Intelligenz ist Optimismus eine Haltung, die die Menschen davor bewahrt, angesichts großer Schwierigkeiten in Apathie, Hoffnungslosigkeit oder Depression zu verfallen. Und Optimismus zahlt sich im Leben aus, genau wie die eng mit ihm verwandte Hoffnung."*

**Alles wird sich zum Besten wenden**

(Goleman, 1996, S. 117)

**Training:**

Wie würden Sie „Optimismus" nun definieren?

Welches sind die wichtigsten Eigenschaften eines Optimisten?

Welche dieser Eigenschaften würden Sie sich zuschreiben?

Welche optimistischen Eigenschaften möchten Sie ab heute noch verstärken?

Jeder Tag bietet uns mehr Chancen, als wir nutzen können. Welche Chancen sehen Sie für sich?

**Die „Drei Diamanten":**

- Alles wird gut, denn wo sich eine Tür schließt, öffnet sich eine neue.
- Man vermag immer nur einen Gedanken auf einmal zu denken. Ich entscheide, ob dieser Gedanke positiv oder negativ ist.
- Optimisten sind Meister der Lebenskunst und Meister im Erkennen von Chancen.

## Die Grundgesetze der Lebensentfaltung

**Philosophische Wurzeln des positiven Denkens**

In allen Weisheitslehren der Welt, in den verschiedensten Strömungen der Philosophie und Psychologie aller Zeiten gibt es Methoden und Anleitungen, die zeigen, dass der Mensch in der Lage ist, sein Leben bewusst und erfolgreich zu gestalten. Das positive Denken ist keine Erfindung unserer Zeit; die Grundlagen gehen zurück bis auf *Epikur*. Erfolgsstrategien finden sich bei *Platon, Marc Aurel, Spinoza* und *Buddha*, genauso wie bei *Kant, Goethe, Emil Coué* oder *Normen Vincent Peale* und *Oskar Schellbach*, um nur einige zu nennen.

Aus diesen Erkenntnissen der großen Persönlichkeiten unserer Geistesgeschichte haben sich im Laufe der Jahre vierzehn Axiome einer „Philosophie des Erfolgs" herauskristallisiert. Diese *„Grundgesetze der Lebensentfaltung"* bestätigen sich im Alltag und in meinen Seminaren immer wieder aufs Neue und deshalb möchte ich sie auch in diesem Buch den „Erfolgsprinzipien der Optimisten" voranstellen.

**Lernen Sie die Grundgesetze der Lebensentfaltung auswendig!**

Lesen Sie sich die vierzehn „Grundgesetze der Lebensentfaltung" konzentriert durch und lernen Sie sie nach und nach auswendig. Erst wenn Sie die Grundgesetze aus dem Effeff beherrschen, sind sie Ihr geistiges Eigentum und können ihre Wirkung in Ihrem Unterbewusstsein entfalten. Ich werde im Laufe des Buches immer wieder auf einzelne Gesetze verweisen und sie dann genauer erläutern.

**Die Grundgesetze der Lebensentfaltung**

1. Nur der Mensch hat die Kraft, bewusst zu denken, zu planen und zu gestalten. Nur er kann sich selbst und damit sein Schicksal und seine Zukunft gezielt beeinflussen.

2. Am Anfang jeder Tat steht die Idee. Nur was gedacht wurde, existiert.

3. Gedanken entwickeln sich im Unterbewusstsein, aus dem Menschen selbst oder durch äußere Einflüsse.

4. Das Unterbewusstsein – die Baustelle des Lebens und der Arbeitsraum der Seele – hat die Tendenz, jeden Gedanken zu realisieren.

5. Aus dem kleinsten Gedankenfunken kann ein leuchtendes Feuer werden.

6. Was wachsen soll, braucht Nahrung. Die Nahrung der Gedanken ist die Konzentration.

7. Bewusste oder unbewusste Konzentration ist Verdichtung von Lebensenergie.

8. Im Streit zwischen Gefühl und Intellekt siegt immer das Gefühl.

9. Gefühle lenken und verstärken die Konzentration unbewusst, aber nachdrücklich.

10. Durch eine gezielte Entscheidung kann die Aufmerksamkeit auf jeden ausgewählten Punkt gelenkt werden.

11. Beachtung bringt Verstärkung. Nichtbeachtung bringt Befreiung.

12. Zustimmung aktiviert Kräfte. Ablehnung vernichtet Lebenskraft.

13. Die ständige Wiederholung einer Idee wird erst zum Glauben, dann zur Überzeugung – auch in negativer Hinsicht.

14. Glaube führt zur Tat. Konzentration führt zum Erfolg. Wiederholung führt zur Meisterschaft.

## Wünschen – Planen – Wagen – Siegen

*Die vier entscheidenden Schritte auf dem Weg zum Erfolg*

Dies sind die zentralen Inhalte der folgenden Kapitel. Hinter diesen Begriffen verbergen sich die vier großen und entscheidenden Schritte, die Sie immer wieder gehen müssen, um Erfolg zu haben – sei es im privaten oder beruflichen Bereich, sei es, um ein kurzfristiges Projekt durchzuführen oder um die nächsten zehn Jahre Ihres Lebens glücklich und zufrieden zu sein.

### Wünschen:

*Der Wunsch ist das Ziel*

Jeder Tat, die Sie ausführen und jedem Ziel, das Sie erreichen wollen, geht ein Gedanke, bestenfalls ein inniger Wunsch voraus. Doch das richtige Wünschen will gelernt sein: Ein selbstbewusster Mensch kennt seine Wünsche und bekennt sich zu ihnen. Ein Optimist spricht nicht von seinen Problemen oder Befürchtungen, sondern er orientiert sich an seinen Zielen und Träumen; er steht offen zu seinen Wünschen.

Es ist also wichtig, dass aus Ihren Wünschen Ziele werden, die in Ihnen die Kraft zu ihrer Erfüllung wecken. Dies ist der erste Schritt auf dem Weg zum Erfolg.

**Planen:**

Der zweite Schritt heißt „Planen": „Wer?" – „Wie?" – „Was?" – „Wo?" – „Wann?" – „Warum?" Was können und sollten Sie konkret tun, um Ihr Ziel zu erreichen, was wollen Sie tun, *was werden* Sie tun? Ein Mensch, der weiß, was er will, hat genaue Visionen von der Zukunft. Wer dagegen orientierungslos ist, tritt auf der Stelle, läuft im Kreis oder strauchelt. Planen Sie Ihren Erfolg – wir zeigen Ihnen, wie.

**Was werden Sie konkret tun?**

**Wagen:**

Als Nächstes brauchen Sie den Mut, die Begeisterung und die Zuversicht, um diese Pläne auch in die Tat umzusetzen, Schritt für Schritt vorwärts zu gehen und Ihrem Ziel immer näher zu kommen. Sie brauchen Vertrauen in sich selbst, in die eigenen Kräfte und in die Zukunft! „Wer wagt, gewinnt!" In dem Moment, in dem Sie aktiv werden und handeln, gestalten Sie Ihr Schicksal und Ihre Zukunft selbst!

**Wagen und gewinnen**

**Siegen:**

Eine Sache beginnen kann jeder – doch erst durch kontinuierliches Engagement wird man zum Meister, zum Sieger. Denn Erfolg ist kein statischer Zustand, sondern ein dynamischer Prozess. Die Nummer 1 zu werden – und zu bleiben – erfordert großen Einsatz. Dies ist nicht zum Nulltarif zu haben. Aber wer seine Ziele liebt, wird seinem Weg treu bleiben – und siegen.

**Die Nummer 1 werden und bleiben**

# Kapitel I: Wünschen

*„Leben ist die sich permanent bietende Gelegenheit, zu werden, wer man noch nicht ist, aber sein möchte, könnte und sollte."*
Elisabeth Lukas

## Aller Anfang ist ... ein Gedanke

Was immer auf dieser Welt an Ideen, Plänen und Wünschen existiert, es ist aus einem Gedanken heraus entstanden. Das gilt genauso für die positive wie für die negative Seite: Unsere Gedanken schaffen unsere Realität; bevor sich etwas ereignen kann, muss es erst einmal im Kopf entstehen.

Dies besagt auch das *zweite* Grundgesetz der Lebensentfaltung:

> Am Anfang jeder Tat steht die Idee. Nur was gedacht wurde, existiert.

Und im *dritten* Grundgesetz heißt es:

> Gedanken entwickeln sich im Unterbewusstsein, aus dem Menschen selbst oder durch äußere Einflüsse.

So ist alles im Menschen selbst begründet: Das Potential für die Zukunft liegt im Kopf; unsere Gedanken sind unsere größten Kräfte. Deshalb sollten wir auch sorgsam mit ihnen umgehen; positive Gedanken formen eine positive Zukunft – und umgekehrt. Das Schicksal wird durch zwei Kräfte gesteuert: durch unsere Wünsche oder durch unsere Befürchtungen. Es liegt an uns, welchen Gedanken wir die Oberhand lassen! Wenn wir uns in unseren Gedanken glücklich fühlen, werden wir es auch sein; haben wir dagegen die Vorstellung von Leid oder Schmerzen, dann werden wir sie recht schnell auch empfinden.

**Gedanken sind Kräfte**

Sicher kennen Sie das Prinzip der sich selbst verwirklichenden Prophezeiungen – es erstreckt sich ebenfalls auf positive wie auf negative Überzeugungen. Aber ist Ihnen auch bewusst, wie oft Sie dieses Prinzip im Laufe eines Tages anwenden? Wie viele standardisierte Überzeugungen haben sich in unser Denken eingeschlichen, die wir als solche gar nicht mehr wahrnehmen, geschweige denn, dass wir sie in Frage stellen? Überprüfen Sie einmal, ob Ihnen die folgenden Gedankenmuster bekannt vorkommen.

**Festgefahrene Gedankenmuster**

- „Das geht wieder schief!"
- „Wenn ich nur mehr Zeit hätte … (dann könnte ich das noch tun)."
- „Das passt mir gut!"
- „Das kann er/sie sowieso besser als ich."
- „Das schaffe ich schon!"
- „Das schaffe ich nie!"

und so weiter. Haben Sie sich wieder erkannt?

Training:

Beobachten Sie in nächster Zeit einmal Ihre Gedanken und notieren Sie, welche standardisierten Überzeugungen Sie bei sich selbst entdecken:

Im *vierten Grundgesetz* der Lebensentfaltung heißt es:

**Das Unterbewusstsein – die Baustelle des Lebens und der Arbeitsraum der Seele – hat die Tendenz, jeden Gedanken zu realisieren.**

**Schubkraft für unsere Wünsche**  Deshalb ist es enorm wichtig, dass wir mit unseren Gedanken sorgsam umgehen: Gedanken sind starke Kräfte, die wir gezielt für unser Glück und unser Wohlbefinden einsetzen können! Wenn wir täglich an die Erfüllung unserer Wünsche, an unsere Ziele und an unseren Erfolg denken, geben wir diesen Zielen eine enorme Schubkraft. Umgekehrt sollten wir negative, lähmende Überzeugungen möglichst schnell durch positive, optimistische Gedanken ersetzen. Das kann für unsere oben angeführten Beispiele so aussehen:

- „Das geht ja doch wieder schief!" heißt dann „Diesmal wird es klappen."
- „Wenn ich nur mehr Zeit hätte …" wird ersetzt durch „Ich teile mir die Zeit ein, so gut es geht."
- „Das passt mir gut!" ist eine positive Einstellung.
- „Das kann er/sie sowieso besser als ich" wird zu „Ich werde mein Bestes tun."
- „Das schaffe ich schon!" wird beibehalten.
- „Das schaffe ich nie!" ersetzen wir durch „Ich versuche es einfach, es wird schon klappen."

**Training:**

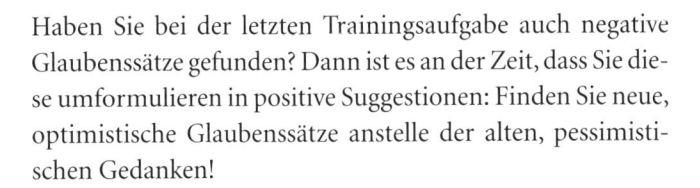

Haben Sie bei der letzten Trainingsaufgabe auch negative Glaubenssätze gefunden? Dann ist es an der Zeit, dass Sie diese umformulieren in positive Suggestionen: Finden Sie neue, optimistische Glaubenssätze anstelle der alten, pessimistischen Gedanken!

Diese optimistischen Aussagen sollen zu Realitäten werden. Sie beschreiben Ihre gewünschte Einstellung („Diesmal wird es klappen."). Indem Sie von Ihren Wünschen sprechen, nutzen Sie die Macht der Gedanken, die Macht der sich selbst erfüllenden Prophezeiung! Das gilt für die kleinen Wünsche genauso wir für die großen, für die Beförderung genauso wie für den Hausbau.

**Wünsche aus der Phantasie** Welche Wünsche haben wir denn überhaupt in unserem Leben? Der älteste Wunsch der Welt ist der Wunsch nach Glück. Kinder haben noch jede Menge Wünsche und sie unterscheiden nicht nach den Kriterien „wichtig" oder „unwichtig", „möglich" oder „unmöglich", „materiell" oder „ideell". Sie setzen ihre ganze Phantasie ein und wünschen einfach drauflos. Das lässt sich besonders gut beobachten, wenn ein Kind seinen Weihnachtswunschzettel schreibt. Als meine Tochter in der ersten Klasse war, tauchten da zum Beispiel die folgenden Wünsche auf:

- Ein neues Schulmäppchen mit Zauber-Farbstiften.
- Dass ich keine Alpträume mehr habe.
- Ein kleiner Hund zum Schmusen oder eine Katze oder am liebsten beides.
- Dass die Haare schneller wachsen.
- Dass ich im nächsten Fußballturnier zwei Tore schieße.
- Dass die Oma vier Wochen zu Besuch kommt und jeden Tag Pfannkuchen macht.
- Ein eigenes Segelboot.

**Wünsche bedeuten inneren Reichtum** Natürlich war ihr auch klar, dass diese Wünsche nicht alle auf einmal in Erfüllung gehen würden – aber sie hatte Spaß daran, zu sehen, was sie sich alles wünschen *konnte*. Genauso wie die Kinder können auch wir Erwachsenen uns am inneren Reichtum unserer Wünsche erfreuen und begeistern.

Jeder Wunsch ist ein Gedanke. In jedem Menschen liegt die dynamische Kraft zum Leben und Wachsen tief verwurzelt, alle Möglichkeiten liegen in uns. Daher liegt auch in jedem Wunsch die Kraft zur Erfüllung – wir sprechen von der Wunschkraft. Ein Wunsch verleiht deutlich spürbare Energie: Ein Wunsch motiviert und drängt darauf, Realität zu werden. In jedem Wunsch liegt bereits der Same verborgen, der eines Tages die Verwirklichung hervorbringt. Und alle Wünsche sind wichtig, die realistischen genauso wie die utopischen. Blicken Sie in sich, suchen Sie nach Ihren Wünschen; bekennen Sie sich zu Wünschen und wagen Sie, auch große Wünsche zu haben!

**Wünsche motivieren uns**

Kennen Sie Ihre eigenen Wünsche?

**Training:**

Nehmen Sie sich eine Woche lang jeden Tag eine Viertelstunde Zeit und notieren Sie alle Wünsche, die Ihnen einfallen. Es geht dabei nicht darum, ob oder wann sie sich verwirklichen lassen; wichtig ist einzig und allein, was Sie sich im Moment wünschen. Schieben Sie alle gesellschaftlichen Normen beiseite, lassen Sie Ihrer Phantasie einfach freien Lauf.

> Wünsche weisen uns den Weg. Was wir uns wünschen, das können wir auch erreichen.

Ihre Wünsche sind Ihr innerer Reichtum; in ihnen liegt die Kraft und Energie für Ihre Zukunft verborgen! Es gibt nichts Persönlicheres als die Wünsche eines Menschen. Jeder Wunsch, der Ihnen bewusst wird, hat das Bestreben, die Möglichkeiten seiner Verwirklichung selbst zu schaffen und erhält dabei große Unterstützung durch das Unterbewusstsein.

Wenn wir uns etwas wirklich wünschen, dann glauben wir auch daran, dass wir diesen Wunsch eines Tages in die Realität umsetzen können – und so entsteht eine Kraft in uns, die Berge versetzen kann. Wie Sie aus Ihren Wünschen richtige Ziele machen, zeigen wir Ihnen im nächsten Kapitel.

### Die „Drei Diamanten":

- Gedanken sind Kräfte.
- Was der Mensch sich wünschen kann, das kann er auch erreichen.
- Wünsche sind der innere Reichtum des Menschen.

## Aus Wünschen werden Ziele

*Welches sind unsere eigenen Wünsche?* Es gibt die unterschiedlichsten Wünsche. Da fallen uns wichtige und unwichtige Wünsche ein, wertvolle und wertlose, berufliche und private, egoistische und altruistische, Wünsche nach Glück, Reichtum, Anerkennung, Liebe, Geborgenheit und so weiter. Wichtig ist es, zu erkennen, welches wirklich unsere eigenen Wünsche sind. Oftmals wissen wir besser, was unsere Mitmenschen wollen, die Partner oder Kinder, die Kollegen, Nachbarn, Freunde. Doch nur wer genau weiß, was *er selber* will, entwickelt sich von einer Person zu einer Persönlichkeit. Nur wer wirklich eigene Ziele hat, wird auch den Willen aufbringen, an der Erfüllung dieser Ziele zu arbeiten. Ohne eine gewisse Willenskraft kann der Mensch nichts erreichen: *„Den Menschen macht sein Wille groß und klein"*, sagte Schiller zutreffend.

Es gibt kein Glück im Leben ohne die Erfüllung unserer persönlichen Wünsche. Wünsche richten Ihren Verhaltenskompass aus, sie zeigen das Ziel an und steuern unbewusst darauf zu. Die persönlichen Wunschvorstellungen in Ihrem Kopf sind Ihr kostbarster Besitz, sie stellen Ihr Kapital für die Zukunft dar! Jeder Mensch braucht Wünsche und Ziele, immer wieder aufs Neue, das ganze Leben hindurch.

**Wünsche zeigen das Ziel an**

Im *elften Grundgesetz* heißt es:

> **Beachtung bringt Verstärkung.**
> **Nichtbeachtung bringt Befreiung.**

Deshalb beachten Sie Ihre Wünsche, immer wieder. Wünsche, die Verstärkung erfahren, werden zu optimistischen Zielen!

Sie haben bereits eine Liste Ihrer Wünsche aufgestellt. Sehen Sie sich diese Liste nun noch einmal an.

**Training:**

Ordnen Sie Ihre Wünsche nach den folgenden Bereichen:

Berufliche Wünsche:

Private Wünsche:

Gesundheitliche Wünsche:

Kulturelle Wünsche (Hobby, Freizeit):

Freundschafts-Wünsche:

Im zweiten Schritt sollten Sie die wichtigen von den unwichtigen Wünschen unterscheiden, denn wenn Sie zu viele Wünsche auf einmal verfolgen, werden Sie keinen erreichen.

Willenskraft ist Wunschkonzentration, Willensschwäche ist Wunschzersplitterung. Je weniger Wünsche Sie zur gleichen Zeit anstreben, umso größer ist die Chance einer Realisierung. Also legen Sie sich fest, entscheiden Sie, welche Wünsche für Sie wirklich wichtig sind! Schon durch die Konzentration auf das Wesentliche werden Ihre Wünsche und Ihre Umsetzungskräfte verstärkt.

**Konzentration auf das Wesentliche**

*William Pitt sagt: „Wenn ich so viele Dinge erreicht habe, so liegt das daran, dass ich immer nur eine Sache zur gleichen Zeit wollte."*

Konzentrieren Sie die Kraft Ihrer Gedanken auf einige wenige, aber bedeutende Wünsche. Dann tritt automatisch das Grundgesetz des Optimismus ein, das besagt:

**Aus dem kleinsten Gedankenfunken kann ein leuchtendes Feuer werden.**

**Training:**

Wählen Sie nun aus jedem der oben angegebenen Lebensbereiche Ihren wichtigsten Wunsch aus:

Beruflich:

Privat:

Gesundheitlich:

Kulturell:

Freundschaftlich:

Beantworten Sie in Gedanken zu jedem dieser Wünsche die folgenden Fragen:

Wie sieht mein Leben aus, wenn ich diesen Wunsch verwirklicht habe?

Welchen Einsatz muss ich bringen, um mir diesen Wunsch zu erfüllen?

Wie profitiere ich, wie profitieren die anderen davon, wenn dieser Wunsch in Erfüllung geht?

Gibt es einen Zusammenhang zu anderen Wünschen auf meiner Liste?

Was spräche eventuell dagegen, diesen Wunsch zu verwirklichen?

Kann dieser Wunsch mir oder anderen schaden?

Was muss ich konkret tun, um diesen Wunsch Wirklichkeit werden zu lassen?

Je klarer und konkreter der einzelne Wunsch durch die Beantwortung dieser Fragen Gestalt annimmt, um so mehr wächst auch Ihr Optimismus, Ihr Glaube, dass es Ihnen gelingen wird, diesen Wunsch eines Tages zu realisieren – der Wunsch wird zum Ziel! Dieses Ziel ist tief in Ihrem Inneren entstanden und es ist Ihr eigenes Ziel. Die Menschen in Ihrer Umgebung, Eltern, Freunde, Kinder oder Nachbarn, können mit Ihnen diskutieren oder Ihnen gut gemeinte Ratschläge geben – die wesentlichen Wünsche und Ziele aber müssen aus Ihrem eigenen Herzen kommen.

**Lassen Sie Ihren Wunsch Gestalt annehmen!**

„Wenn du wirklich etwas willst, werden alle Märchen wahr."
                                                    Theodor Herzl

**Jeder ist seines Glückes Schmied**  Mit dem Feuer der Gedankenkraft, die Sie Ihren Zielen regelmäßig widmen, können Sie Berge versetzen. Gedanken sind dann die stärksten Kräfte, wenn sie auf persönliche Ziele gerichtet sind – wir können nicht ein Ziel einer anderen Person anstreben oder die Realisierung unserer Wünsche an einen Freund delegieren. *„Jeder ist seines Glückes Schmied"*, sagt der Volksmund und damit hat er vollkommen Recht!

**Die „Drei Diamanten":**

- Wünsche weisen uns den Weg – stehen Sie zu Ihren Wünschen.
- Klar und konkret formulierte Wünsche werden zu Zielen.
- „Wenn du wirklich etwas willst, werden alle Märchen wahr."

## Große Persönlichkeiten haben große Träume

**Wann sind Ziele wertvoll?**  Optimisten brauchen konkrete, bedeutende Ziele. Ohne ein Ziel wird alles, was ein Optimist sagt oder denkt, zur leeren Phrase; er tritt auf der Stelle. Wertvolle Ziele führen zum angestrebten Erfolg im Leben. Woran erkennen Sie nun, ob ein Ziel auch wertvoll genug ist, um es zu verfolgen? Solche Ziele müssen zwei Bedingungen erfüllen:

1. Sie sollen der Entfaltung der eigenen Persönlichkeit dienen und
2. gleichzeitig eine Leistung, einen Nutzen für die Gemeinschaft bieten.

Laut einer Untersuchung am *Max-Planck-Institut für Bildungsforschung* in Berlin „*... verfolgen Optimisten ihre Ziele beharrlicher, zeigen mehr Einfallsreichtum bei der Bewältigung von Problemen und lassen sich selten entmutigen."*
(Welt am Sonntag. Zitiert nach: Der erfolgreiche Weg 10/1996; S. 34)

**Optimisten sind beharrlich und kreativ**

In Bezug auf Träume, Ziele und Zukunftsgestaltung ergab sich, dass die untersuchten Optimisten eine positive und produktive Variante des Zukunftsdenkens praktizierten. Diese produktive Variante äußert sich in der optimistischen Erwartung, im festen Glauben daran, dass alles gut läuft und dass sie die Fähigkeiten besitzen, alle Entwicklungen, auch die unguten, zum Besseren zu wenden. Dieser Glaube motiviert zum Handeln und verleiht dem einzelnen Widerstandskraft gegenüber kleinen Misserfolgen, die zwangsläufig ab und zu auftreten.

**Mehr Widerstandskraft bei Misserfolgen**

Eine andere Untersuchung befasste sich mit Studenten, die sich verliebt hatten; sie wurden befragt, welche Chancen sie sich bei ihrem Wunschpartner ausrechneten. Nach ein paar Monaten wurde dann überprüft, ob sich ihre Erwartungen in der Zwischenzeit erfüllt hatten:

„*Bei Studenten, die optimistische Erwartungen gehabt hatten, war die Wahrscheinlichkeit größer als bei denen mit negativen Erwartungen, dass sie bei der geliebten Person ‚ankamen'. Im Gegensatz dazu hatten Studenten mit schwärmerischen Phantasien über sich und die Person, in die sie sich verliebt hatten, seltener Erfolg als diejenigen mit unangenehmen Phantasien.*"
(ebenda)

**Mehr Chancen in der Liebe**

Nur wer einen Wunsch hat, kann sich fragen, ob er noch wertvollere Wünsche hat. Nur wer ein Ziel hat, kann nach einem konkreten Weg suchen. Wir haben oben gesehen, dass

**Statt Illusionen Glaube an die eigenen Fähigkeiten**

die Identifizierung mit den persönlichen Zielen eine wichtige Voraussetzung für ihre Realisierung ist. Nun kommt noch etwas Wichtiges hinzu, nämlich der Glaube an die eigenen Fähigkeiten. Ein Mensch mit einer optimistischen Lebenseinstellung weiß, dass er in sich ruht und über die nötigen Fähigkeiten verfügt, seine Wünsche umzusetzen und seine Ziele zu erreichen. Er hat es nicht nötig, sich in oberflächliche Illusionen zu stürzen. Im *vierzehnten Grundgesetz* heißt es unter anderem:

**Glaube führt zur Tat.**

**Wer selbstbewusst ist, handelt**

Wer an sich selbst glaubt, wird nicht tatenlos zusehen und weiter von der Erfüllung seiner Wünsche träumen, sondern er wird sich mit seinem ganzen Optimismus dafür engagieren, den selbst gesteckten Zielen auch wirklich näher zu kommen. Und das Erreichen eines wertvollen Ziels ist immer auch ein Stück weiter auf dem Weg zur Entwicklung der eigenen Persönlichkeit. Ein selbstbewusster Mensch kennt seine Wünsche und Ziele; er bekennt sich zu ihnen – und er unternimmt die nötigen Schritte zu ihrer Verwirklichung!

**Ein Traum – ein Ziel**

So hatte auch die Französin *Florence Arthaud* ein großes Ziel vor Augen: Einmal eine Transatlantik-Regatta zu gewinnen! In ihrer Familie hatte die Liebe zur See Tradition; berühmte Segler gingen in ihrem Elternhaus ein und aus und schon bald war sie völlig davon fasziniert, über den Atlantik zu segeln.

Mit 17 Jahren hatte sie einen schweren Autounfall, nach dem sie lange Zeit im Koma lag. Doch selbst die bleibenden Schäden an der Wirbelsäule konnten sie nicht davon abhalten, mehr Zeit auf dem Wasser zu verbringen als in den Hörsälen der Universität.

**Ein neuer Rekord**

Ihr größter Traum war ein Sieg in der „Route du Rhum"; und nach jahrelangen Vorbereitungen konnte sie 1990 ihren ersten eigenen Trimaran anmelden. Als Vorbereitung zu dieser berühmten Regatta fuhr sie im Juni ein Zweimann-Rennen von Plymouth nach Newport, bei dem sie mit ihrem Kollegen zusammen Dritte wurde. Auf der Rückfahrt, die sie alleine antrat, unterbot sie einen Weltrekord um 38 Stunden: Auf der Strecke vom New Yorker Hafen bis zum Kap Lizard, dem südlichsten Punkt Englands, benötigte sie nur 9 Tage, 21 Stunden und 42 Minuten.

**Und ein großer Sieg**

Wenig später musste sie wegen ihrer Wirbelschäden einen Stützkragen tragen und ihr Training einstellen, doch von Aufgeben wollte sie nichts wissen: Zu lange hatte sie von einem Sieg in der „Route du Rhum" geträumt. Sie startete trotz ihrer Behinderungen und lag, obwohl sie von Anfang an mit großen technischen Schwierigkeiten zu kämpfen hatte, bald in Führung. Nach 14 Tagen, 10 Stunden und 8 Minuten war sie nicht nur die erste Frau, die eine Transatlantik-Regatta gewonnen hatte, sondern sie hatte mit dieser Zeit auch einen neuen Streckenrekord aufgestellt.
(nach einem Bericht aus Reader´s Digest Das Beste, November 1991, S. 201ff.)

### Die „Drei Diamanten":

- Wertvolle Ziele führen zur Entfaltung der Persönlichkeit.
- Optimistische Lebensgestaltung beginnt damit, dass man seine Wünsche kennt und sich zu ihnen bekennt.
- Ein selbstbewusster Mensch formt aus seinen Wünschen Ziele.

## Grundlagen des erfolgreichen Wünschens

Die wichtigste Voraussetzung für das Erreichen eines Wunschziels ist der feste, optimistische Glaube an den Erfolg. Oder anders ausgedrückt: Erfolgreich zu sein ist eine ständige Herausforderung für jeden Menschen, der zuversichtlich an seine eigenen Fähigkeiten glaubt.

> Der Glaube an den Erfolg ist dasselbe wie der Glaube an die eigenen Möglichkeiten und Ziele.

**Selbsterkenntnis** So entscheidet das Bild, das wir von uns selbst haben, darüber, was wir uns zutrauen und was wir im Leben erreichen können. Die Selbsterkenntnis ist Grundlage für den Erfolg. Das Erkennen seiner Wünsche ist der praktische Weg zur Selbsterkenntnis.

**Glück ist aktive Wunscherfüllung** Deshalb kann das Glück nicht aus dem Nichts entstehen. Glück entsteht aus der Erfüllung der eigenen Wünsche. Der entscheidende Faktor ist nicht das Sein, sondern das Tun, die aktive selbst gesteuerte Entwicklung vom Menschen zum Individuum, das Wachsen von der Person zur optimistischen Persönlichkeit.

**Wer wagt, gewinnt** „Glück" kommt von „gelingen". Wer optimistisch denkt (und in der Folge auch optimistisch handelt), der wagt auch mehr, dem gelingt natürlich auch mehr – er hat mehr Glück. „Hans im Glück" ist wohl die berühmteste Symbolfigur, die uns deutlich macht, dass Glück tatsächlich eine Frage der inneren Einstellung ist.

Wie denken Sie über Ihr Leben und vor allem über sich selbst? Voraussetzung für eine optimistische Lebenseinstellung ist ein optimistisches Selbstbild:

> **Der Dreh- und Angelpunkt im Leben eines erfolgreichen Menschen ist sein Selbstbewusstsein.**

Die meisten Menschen leiden heute an falscher Bescheidenheit, sie unterschätzen ihre Fähigkeiten. Doch nur indem Sie etwas dafür tun, können Sie Ihre Talente auch wirklich zur Entfaltung bringen! Fähigkeiten wie Schreiben, Kochen, Radfahren und so weiter sind sicherlich nicht angeboren – Sie haben sie entwickelt, indem Sie sie geübt haben; Sie haben aktiv an der Ausbildung dieser Talente gearbeitet.

**Talente wollen entfaltet werden**

Und hier sind wir bei einem weiteren Grundsatz des Erfolgs:

> **Ein Optimist weiß, dass er alles lernen kann.**

Jeder von uns kann morgen etwas tun oder sein, dass er heute noch nicht kann oder ist; alles ist lernbar. Keiner wurde je als Genie geboren. Sämtliche Genialität dieser Welt entstand durch optimistische Selbsteinschätzung, Hoffnung auf Erfolg und aktive Bestätigung!

**Training:**

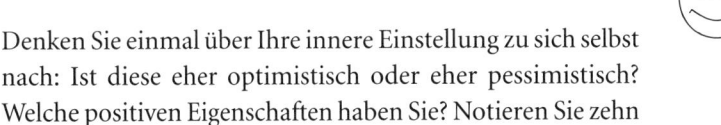

Denken Sie einmal über Ihre innere Einstellung zu sich selbst nach: Ist diese eher optimistisch oder eher pessimistisch? Welche positiven Eigenschaften haben Sie? Notieren Sie zehn Eigenschaften, die Sie an sich mögen:

**Negative Eigenschaften nicht beachten**

Vielleicht sind Ihnen bei dieser Aufgabe auch einige Ihrer negativen Eigenschaften in den Sinn gekommen und Sie werden sich fragen, wie Sie damit umgehen sollen. Ganz einfach: Lassen Sie sie ruhen, beachten Sie sie nicht und denken Sie nicht darüber nach. Nichtbeachtung bringt Befreiung! Je mehr Sie sich mit Ihren Stärken beschäftigen, umso mehr prägen sich diese aus. Da der Mensch zeitlebens Fehler haben wird, entscheiden im Leben allein die Stärken. Unser Leben ist zu kurz, um alle Schwächen auszumerzen.

**Stärken verstärken**

Was Sie jedoch tun können, ist, sich zu überlegen: „Was kann ich noch besser machen?" Indem Sie Ihre Stärken ausbauen, kommen die Schwächen automatisch weniger zur Geltung. Auch schlechte Gewohnheiten lassen sich meist nicht erfolgreich bekämpfen – aber sie lassen sich durch gute ersetzen. Sie können Ihre Beachtung entweder auf Ihre positiven oder auf Ihre negativen Eigenschaften richten; mit der gleichen Kraft, mit der Sie Gas geben, können Sie auch bremsen. Sie haben die Freiheit der Wahl, nutzen Sie sie zu Ihrer persönlichen Weiterentwicklung!

> **Wer seine Stärken verstärkt, ist auf dem richtigen Weg zu Glück und Erfolg!**

Deshalb befreien Sie sich vom Ballast Ihrer negativen Einstellungen gegenüber sich selbst. Seien Sie ein Optimist, und betrachten Sie sich im positiven Licht Ihrer Begabungen und Ihrer Einmaligkeit. Optimisten scheuen nicht vor Veränderungen zurück, denn sich ändern heißt für sie nicht anders zu werden, sondern besser. Wer Veränderungen vornimmt, ist nicht mehr Opfer der Umstände, sondern er wird zum „Täter", zum aktiven Gestalter seiner eigenen Zukunft. Nur der Mensch ist fähig, derart Einfluss zu nehmen und sich und seine Lebensumstände zu ändern. Erinnern Sie sich an das erste Grundgesetz der Lebensentfaltung?

**Sich ändern heißt nicht anders, sondern besser werden**

> **Nur der Mensch hat die Kraft, bewusst zu denken, zu planen und zu gestalten. Nur er kann sich selbst und damit sein Schicksal und seine Zukunft gezielt beeinflussen.**

Training:

Welche Ihrer positiven Eigenschaften oder Verhaltensweisen möchten Sie verstärken und optimieren?

Suchen Sie sich aus der soeben erstellten Liste eine Eigenschaft bzw. Verhaltensweise heraus (nur eine!), die Sie in den nächsten vier Wochen bewusst verstärken und verbessern werden:

**Veränderung ist immer möglich** Wir gehen zwar davon aus, dass die ersten sechs Jahre im Leben eines Menschen prägend sind für den weiteren Verlauf seines Lebens, doch daraus folgt nicht der Umkehrschluss, dass danach keine Veränderungen mehr möglich sind! Sie haben zu jedem Zeitpunkt in Ihrem Leben die Möglichkeit, sich zu verändern; kein Mensch und keine äußeren Umstände können Sie davon abhalten! Sie sind dafür verantwortlich, wie Sie sich in den nächsten Jahren entwickeln. Sie sollten nicht versuchen, andere Personen zu ändern, nicht Ihren Partner, Ihre Kinder oder Ihren Chef – aber Sie können sich selbst ändern:

**Nichts ändert sich, außer ich ändere mich!**

**Emotionale Intelligenz** Voraussetzung dafür ist Ihr fester Entschluss, erfolgreich zu sein und die gezielte Verstärkung Ihrer positiven Eigenschaften. Die Erkenntnis, dass grundsätzlich jeder Mensch die Möglichkeit hat, sein Verhalten zu verändern, Optimismus zu erlernen und voller Elan und Zuversicht an das Leben und seine vielfältigen Aufgaben heranzugehen, erregte in den letzten beiden Jahren große Aufmerksamkeit. In ihren Büchern „*Emotionale Intelligenz*" und „*Pessimisten küsst man nicht*" bestätigen die beiden amerikanischen Autoren *Daniel Goleman* und *Martin Seligman* anhand wissenschaftlicher Untersuchungen, dass Erfolg zwar auch von Talent und Begabung abhängt, vor allem aber von Optimismus und von der Fähigkeit des Menschen, sein Verhalten und seine Strategie falls nötig zu ändern und den Erfordernissen anzupassen. Diese Wissenschaftler bestätigen unser Erfolgssystem.

**Die „Drei Diamanten":**

- Wer seine Stärken verstärkt, wird immer selbstbewusster.
- Ein Optimist weiß, dass er alles lernen kann.
- Nichts ändert sich, außer ich ändere mich.

## Die Bedeutung der Konzentration

Konzentration lässt aus Wünschen Wirklichkeiten werden. Konzentration ist im Grunde nichts anderes als die Verdichtung von Gedankenenergie, das heißt, dass wir unsere Gedanken auf einen bestimmten Punkt ausrichten und uns selbst dann nicht davon ablenken lassen, wenn etwas Unerwartetes passiert. Je mehr wir unsere Gedanken auf ein bestimmtes Ziel ausrichten, unsere Energie in eine bestimmte Richtung lenken, desto schneller werden sich unsere Wünsche realisieren. Das *sechste Grundgesetz* besagt:

**Verdichtung von Gedankenenergie**

> **Was wachsen soll, braucht Nahrung. Die Nahrung der Gedanken ist die Konzentration.**

Konzentration macht aus kleinen Wünschen große Ziele. Konzentration auf ein Ziel ist die Voraussetzung für jeden Erfolg. Ohne sie gibt es keine großen Leistungen. Das war schon in der Schule so und das gilt noch heute, für den Sport genauso wie für den Beruf und jeden beliebigen Bereich des Lebens. Hat ein Mensch zu viele Ziele auf einmal, so folgt notwendigerweise eine Zerstreuung der vorhandenen Kräfte und als Konsequenz Misserfolg und Scheitern. Konzentration dagegen fokussiert die Energie auf einen bestimmten Punkt. Das *siebte Grundgesetz* formuliert es so:

> **Bewusste oder unbewusste Konzentration ist Verdichtung von Lebensenergie.**

Dass mit konzentrierter Energie alles möglich ist, umschreibt *Aristoteles* mit einer Metapher: *„Gebt mir einen Punkt und ich werde die Welt aus den Angeln heben."*

**Konzentration auf die eigenen Stärken**

Nun lässt sich das Prinzip der Konzentration nicht nur auf äußere Ziele und Wünsche anwenden, sondern gleichermaßen auch auf Veränderungswünsche hinsichtlich der eigenen Person. Statt zu versuchen, all Ihre negativen Eigenschaften zu verändern, sollten Sie sich darauf konzentrieren, Ihre Stärken zu verstärken. So wird sich Ihr ganzes Wesen positiv entfalten. *„Wer einen Stein ins Wasser wirft, verändert das Meer"*, sagt *Paul Mommertz*.

Training:

Konzentrieren Sie sich in den nächsten Tagen auf den wichtigsten Ihrer im vorherigen Abschnitt aufgelisteten Veränderungswünsche. Halten Sie eine Woche lang täglich in kurzen Stichpunkten fest, welche Schritte Sie unternommen haben, um diese Veränderung zu bewirken und welche Ergebnisse Sie feststellen konnten.

1. Tag: 
2. Tag: 
3. Tag: 
4. Tag: 
5. Tag: 
6. Tag: 
7. Tag: 

Nun besagt unser *zehntes Grundgesetz*:

> **Durch eine gezielte Entscheidung kann die Aufmerksamkeit auf jeden ausgewählten Punkt gelenkt werden.**

Durch Ihre Konzentration wird der ausgewählte Punkt wie mit einem Scheinwerfer angestrahlt. Um welchen Punkt es sich handelt, das haben Sie selbst entschieden! Diese Wahlmöglichkeit macht Ihre Freiheit im Leben aus: Sie verfolgen in erster Linie die Ziele, die Sie selbst aussuchen und nicht diejenigen, die Ihnen von außen angetragen werden.

**Die Freiheit der Entscheidung**

Dies impliziert gleichzeitig eine gewisse Begeisterung, eine Liebe zu diesen Zielen. Was wir lieben, das beachten wir; und Beachtung ist nichts anderes als Konzentration. Die Liebe zu Ihren Zielen und die damit einhergehende Konzentration sind die maßgeblichen Faktoren, die darüber entscheiden, dass Sie diese Ziele auch erreichen. Liebe bedeutet Energie. Wer liebt, hat so viel Energie, dass er überall neue, faszinie-

**Liebe und Begeisterung gehören dazu**

Kapitel I: Wünschen 65

rende Möglichkeiten entdeckt. Erinnern Sie sich daran, wie Sie sich verhalten und gefühlt haben, als Sie das erste Mal bis über beide Ohren verliebt waren. Wie war das damals? Mussten Sie sich da etwa anstrengen, um an den geliebten Partner zu denken? Sicherlich nicht – eher im Gegenteil: Sie hatten ein Gefühl, als könnten Sie Bäume ausreißen, waren voller Elan und Lebenslust. Sie hatten den Punkt gefunden, an dem *Aristoteles* „die Welt aus den Angeln heben" wollte. Die intensive Liebe zu einer Person oder auch zu einem Ziel setzt grenzenlose Kräfte frei oder – wie es in dem wunderschönen Satz von *Ricarda Huch* heißt: „*Liebe ist das Einzige, das wächst, wenn wir es verschwenden.*"

**Wer liebt, verfügt über Optimismus und Mut im Überfluss.**

**Starke Gefühle maximieren die Konzentration**

Je größer diese Liebe und die Begeisterung sind, umso weniger Kraft müssen Sie aufbringen, um Ihr Ziel zu erreichen. Ihre Gedanken richten sich von alleine auf den wichtigsten Aspekt und eine solche fast unbewusste Konzentration kostet Sie kaum Energie. Ähnlich ist es mit den Dingen, die Sie hassen: Ihre Gedanken befassen sich fast automatisch mit diesen Themen. Wenn Ihnen dagegen eine Angelegenheit gleichgültig ist, müssen Sie sich sehr anstrengen, um sich darauf zu konzentrieren. Das besagt auch unser *neuntes Grundgesetz*:

**Gefühle lenken und verstärken die Konzentration unbewusst, aber nachdrücklich.**

Um nun diese Konzentration auf die positiven, Erfolg versprechenden Ziele zu erreichen, ist es unumgänglich, die Einflüsse, denen Sie permanent ausgesetzt sind einmal gründlich zu überprüfen. Das betrifft zum Beispiel die folgenden Aspekte Ihres Lebens:

*Gedanken:* Übernehmen Sie keine Meinungen von pessimistischen Menschen, sondern vertrauen Sie Ihren eigenen positiven Gedanken! Nur dann stoßen Sie auf eigene Wünsche und Ziele und nur dann entwickelt sich die zur Realisierung nötige Liebe und Konzentration.

**Die eigenen Gedanken zählen**

*Personen:* Ebenso sollten Sie darauf achten, mit welchen Personen Sie sich umgeben: Es gibt die Optimisten, die auf Sie einen positiven Einfluss ausüben, es gibt aber auch Pessimisten, die Ihnen Ihre Motivation und Energie rauben. Lassen Sie sich nicht von solchen Menschen negativ beeinflussen!

**Umgeben Sie sich mit Optimisten**

*Sonstige Faktoren:* Maßgeblich für Ihre innere Stimmung sind zum Beispiel auch die Bücher, die Sie lesen oder die Sendungen, die Sie sich im Fernsehen anschauen. Wenn Sie sich nur mit Schreckensmeldungen, schlechten Filmen und oberflächlicher Unterhaltungsliteratur abgeben, vergeuden Sie Ihre Zeit – und Ihre Talente. Wenn Sie sich dagegen um die Erweiterung Ihres Wissens und Ihrer Fähigkeiten bemühen, können Sie schon morgen etwas sein oder tun, das Ihnen heute noch nicht möglich ist!

**Einfluss der Medien**

### Training:

Denken Sie über Ihre Alltagsgewohnheiten nach: Gibt es spezielle Einflüsse, die Ihnen unnötig Energie rauben? Und gibt es auf der anderen Seite Beschäftigungen und Einflüsse, die Sie lieben und die Sie aus diesem Grunde so gut wie keine Kraft kosten?

Können Sie die „Energieräuber" durch positive Einflüsse ersetzen – oder Ihre innere Einstellung zu ihnen ändern?

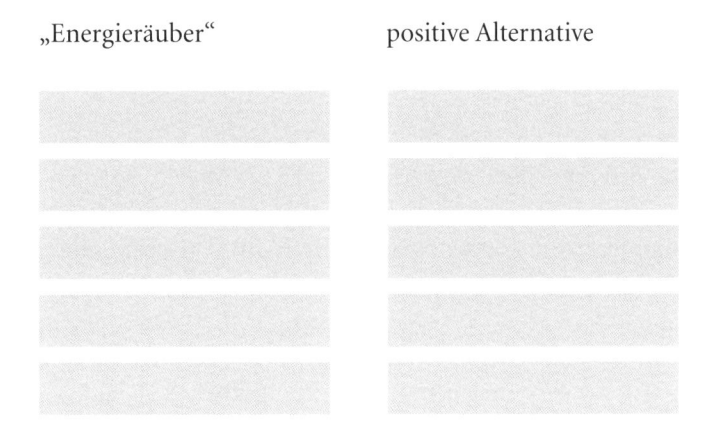

„Energieräuber"          positive Alternative

**Liebe ist also die Hauptursache für Erfolg.**
**Liebe ist positives, optimistisches Denken in Reinkultur.**

Liebe weckt das Kräftepotential und setzt Energien frei. Wer sich in seine Ziele verlieben kann, hat sie schon so gut wie erreicht.

**Die „Drei Diamanten":**

- Konzentration ist Verdichtung von Gedankenenergie.
- „Wer einen Stein ins Wasser wirft, verändert das Meer"
- Liebe ist positives, optimistisches Denken in Reinkultur.
  Liebe ist die Hauptursache für Erfolg.

## Test: Was für ein Selbstbild haben Sie?

Eine erfolgreiche, sympathische und optimistische Persönlichkeit verfügt über eine Reihe von wichtigen Fähigkeiten, mit deren Hilfe sie immer wieder einen Schritt weiterkommt im Leben. All diese Fähigkeiten tragen in der Summe dazu bei, dass Konzentration gelingt, Entscheidung stattfindet und aus Wünschen erreichbare Ziele werden.

Wie sieht es nun mit Ihrem Selbstbild aus? Was trauen Sie sich zu? Was gelingt Ihnen, wie schaffen Sie sich Ihr Glück? Testen Sie anhand der folgenden Liste, inwieweit die aufgezählten Fähigkeiten bei Ihnen bereits vorhanden sind und welche der gewünschten Eigenschaften noch etwas Unterstützung brauchen. Lesen Sie sich die Begriffe aufmerksam durch und kreuzen Sie jeweils das passende Kästchen an:

*Wichtige Fähigkeiten für den Erfolg*

|  | ausgeprägt | mäßig | gering |
|---|---|---|---|
| Aufmerksamkeit | ○ | ○ | ○ |
| Ausdauer | ○ | ○ | ○ |
| Begeisterungsfähigkeit | ○ | ○ | ○ |
| Belastbarkeit | ○ | ○ | ○ |
| Charisma | ○ | ○ | ○ |
| Charme | ○ | ○ | ○ |
| Diplomatie | ○ | ○ | ○ |
| Disziplin | ○ | ○ | ○ |
| Durchsetzungsvermögen | ○ | ○ | ○ |
| Dynamik | ○ | ○ | ○ |
| Einfühlungsvermögen | ○ | ○ | ○ |

| | | | |
|---|---|---|---|
| Entschlusskraft | ○ | ○ | ○ |
| Freundlichkeit | ○ | ○ | ○ |
| Gelassenheit | ○ | ○ | ○ |
| Humor | ○ | ○ | ○ |
| Initiative | ○ | ○ | ○ |
| Intelligenz | ○ | ○ | ○ |
| Konzentrationsfähigkeit | ○ | ○ | ○ |
| Kreativität | ○ | ○. | ○ |
| Lebensfreude | ○ | ○ | ○ |
| Loyalität | ○ | ○ | ○ |
| Menschenkenntnis | ○ | ○ | ○ |
| Mut | ○ | ○ | ○ |
| Redegewandtheit | ○ | ○ | ○ |
| Rückgrat | ○ | ○ | ○ |
| Ruhe | ○ | ○ | ○ |
| Selbstbewusstsein | ○ | ○ | ○ |
| Toleranz | ○ | ○ | ○ |
| Überzeugungskraft | ○ | ○ | ○ |
| Verantwortungsbewusstsein | ○ | ○ | ○ |
| Vertrauen | ○ | ○ | ○ |
| Vitalität | ○ | ○ | ○ |
| Willenskraft | ○ | ○ | ○ |
| Zielstrebigkeit | ○ | ○ | ○ |
| Zuverlässigkeit | ○ | ○ | ○ |
| Ich bin überzeugt von meinen Fähigkeiten. | ○ | ○ | ○ |
| Ich glaube an meine Ziele. | ○ | ○ | ○ |

| | ausgeprägt | mäßig | gering |
|---|---|---|---|
| Ich glaube an meinen Erfolg. | ○ | ○ | ○ |
| Ich lege Wert auf gepflegte Kleidung. | ○ | ○ | ○ |
| Ich strahle Autorität aus. | ○ | ○ | ○ |

**Auswertung:**
Zählen Sie nun die Anzahl der Kreuzchen in den einzelnen Spalten zusammen.

Wenn Sie insgesamt mehr als 30mal „ausgeprägt" angekreuzt haben, verfügen Sie über ein gesundes Selbstbewusstsein. Sie kennen Ihre Stärken und wissen sie gekonnt einzusetzen. Verfolgen Sie wie gewohnt Ihre Wünsche und Ziele mit viel Liebe, Optimismus und Konzentration. Achten Sie dabei in nächster Zeit auf Ihre stärksten Eigenschaften und versuchen Sie, diese noch ein wenig zu verstärken.

Haben Sie dagegen mehr als 30 Kreuze in den Rubriken „mäßig" und „gering", dann sollten Sie sich zunächst auf die Fähigkeiten konzentrieren, über die Sie „ausgeprägt" verfügen: Stärken Sie Ihre ausgeprägteste Stärke. Nach einigen Wochen können Sie sich auf eine weitere Stärke konzentrieren usw. Ihre Schwächen reduzieren sich dann nach und nach von alleine.

Sind Ihre Kreuzchen gleichmäßig über die drei Rubriken verteilt, dann entspricht Ihr Selbstbild dem Durchschnitt. Doch Sie wollen sich ja aus der Masse hervorheben, wollen eine Persönlichkeit werden. Deshalb sollten Sie an Ihren Eigenschaften arbeiten: Stärken Sie Ihre Stärken, aber konzentrieren Sie sich immer weniger auf Ihre ausgeprägten Schwächen. Dann werden Sie optimistisch, zielstrebig und voller Vertrauen auf Ihre Fähigkeiten Ihre Wünsche in die Wirklichkeit umsetzen.

# Kapitel 2: Planen

*„Ein Augenblick der Geduld kann vor großem Unheil bewahren, ein Augenblick der Ungeduld ein ganzes Leben zerstören."*
Chinesische Weisheit

## Optimismus gehört dazu!

**Halb so schlimm oder doppelt so gut**

*„Ein Optimist ist ein Mensch, der alles halb so schlimm oder doppelt so gut findet."* Diese Definition stammt von dem berühmten Schauspieler *Heinz Rühmann*, der durch seine herzliche und humorvolle Art schon viele Menschen zum Lachen gebracht hat. Wer fröhlich und zuversichtlich durchs Leben geht, weckt auch bei anderen Menschen Hoffnung und Optimismus. Ein solcher Mensch spricht nicht von Problemen oder Ängsten, von Schwierigkeiten und Hindernissen, sondern er spricht von seinen Hoffnungen, Träumen und Wünschen, von seinen Zielen und von seinem Weg dorthin.

> **Wer jeden Tag fröhlich, optimistisch und voller Zuversicht beginnt, der ist ein Meister der Lebenskunst.**

**Mit guter Laune in den Tag**

Sie möchten jeden Tag mit guter Laune beginnen? Wir bieten Ihnen eine einfache Methode, um morgens froh gelaunt und voller Optimismus anzufangen. Sagen Sie sich gleich beim Aufwachen einen der folgenden Sätze:

„Ein positiver Tag beginnt."
„Dieser Tag hält unendlich viele Chancen für mich bereit."
„Heute beginnt meine erfolgreiche Zukunft."
„Heute beginnt ein neuer, noch schönerer Lebensabschnitt."
„Heute ist ein schöner Tag. Ich freue mich, dass ich lebe."

Wiederholen Sie diesen Satz noch ein paar Mal, während Sie aufstehen und sich anziehen. Vielleicht wird es Ihnen in den ersten Tagen seltsam vorkommen oder Sie vergessen es schlichtweg. Doch im Laufe der Zeit wird es Ihnen zur lieben Gewohnheit werden, jeden Morgen mit dieser optimistischen Einstellung zu beginnen.

Es ist erwiesen, dass sich Optimismus positiv auf den Gesundheitszustand eines Menschen auswirkt: Optimisten werden seltener von ansteckenden Krankheiten befallen als Pessimisten. Eine Bestätigung dafür finden wir auch bei *Daniel Goleman*:

**Optimisten bleiben gesünder**

*„Der Pessimismus ist (…) mit gesundheitlichen Kosten verbunden – und der Optimismus mit entsprechenden Gewinnen. In einer Untersuchung wurde bei 122 Männern, die ihren ersten Herzinfarkt hatten, die Stärke ihres Optimismus bzw. Pessimismus gemessen. Acht Jahre später waren von den 25 pessimistischen Männern 21 tot; von den 25 optimistischen Männern waren nur 6 gestorben. Ihre seelische Einstellung erwies sich als besserer Vorhersagemaßstab ihres Überlebens als alle medizinischen Risikofaktoren …"*

(Goleman, 1996, S. 225)

Auch *Martin Seligman* unterstützt diese Meinung:

„*In den letzten fünf Jahren haben Labors in der ganzen Welt einen steten Fluss von wissenschaftlichen Erkenntnissen hervorgebracht. Diese Erkenntnisse belegen, dass psychische Eigenschaften, vor allem Optimismus, zu guter Gesundheit führen können.*"

(Seligman, 1991, S. 211)

**Gesundheitsfördernde Aspekte** Demnach gibt es vier Ebenen, auf denen Optimismus die Gesundheit fördert:

1. Optimismus verhindert die Entstehung von Hilflosigkeit und bewirkt so, dass das Immunsystem funktionsfähig bleibt.
2. Optimismus motiviert den Menschen zu einer gesunden Lebensweise. Pessimisten gehen oft nicht sorgsam mit sich selbst um.
3. Optimismus wirkt sich auf die Anzahl der negativen Ereignisse im Leben aus. Ein Pessimist erlebt subjektiv mehr „Katastrophen".
4. Optimisten erhalten mehr „soziale Unterstützung", weil sie mehr Sozialkontakte haben als Pessimisten und diese besser pflegen.

(nach: M Seligman, 1991, S. 211-214)

Wahrscheinlich erleben Optimisten dieselbe Anzahl von Erfolgen und Niederlagen wie Pessimisten – aber sie gehen anders damit um:

„*Optimisten führen eine Niederlage auf etwas zurück, das sich ändern lässt, so dass sie beim nächsten Mal Erfolg haben können; Pessimisten nehmen die Schuld an der Niederlage auf sich und schreiben sie einem bleibenden Merkmal zu, an dem sie nichts ändern können.*"

(Goleman, 1996, S. 117)

Entsprechend unterschiedlich fallen die weiteren Reaktionen aus: Optimisten überlegen, wie sie beim nächsten Versuch erfolgreicher sein können. Sie stellen einen Aktionsplan auf und holen sich Rat und Hilfe bei anderen. Pessimisten dagegen ziehen sich in ihr Schneckenhaus zurück, weil sie überzeugt sind, dass sie an dem vermeintlich persönlichen Mangel doch nichts ändern können. Was also den Optimismus offensichtlich ausmacht, ist die Fähigkeit, angesichts einer Niederlage trotzdem weiterzumachen und sich nicht entmutigen zu lassen. Der Pessimist ist oftmals blockiert und sieht keinen Ausweg mehr; der Optimist dagegen bewährt sich gerade in Krisensituationen, weil er nach Wegen und Lösungen sucht.

**Optimismus bewährt sich in Krisen**

**Der Optimist ist der eigentliche Realist, denn er sieht immer die Chancen.**

Auf der Grundlage einer solchen optimistischen Weltanschauung lässt sich das Leben erfolgreich planen und gestalten. Kommen zum Optimismus noch Begabung und Motivation hinzu, dann steht dem Erfolg nichts mehr im Wege!

Training:

Sicherlich haben Sie auch schon Situationen erlebt, die schlichtweg „zum Verzweifeln" waren. Können Sie sich noch an vier solche Krisen erinnern, in denen Sie nur durch Optimismus und Zuversicht einen Weg fanden, um weiterzumachen?

**Unterschiedliche Einschätzungen von Krisensituationen**

Wie reagieren nun Pessimisten und Optimisten auf eine Krise? Der Unterschied in ihren Reaktionen liegt in der Einschätzung des Ausmaßes:

Für den Pessimisten ist ein Missgeschick
a) dauerhaft,
b) allumfassend und
c) von ihm persönlich verursacht worden.

Der Optimist dagegen glaubt, der Misserfolg ist
a) ein vorübergehendes Phänomen,
b) nur auf einen Teilaspekt seines Lebens bezogen und
c) die Schuld liegt eher in den allgemeinen Umständen oder bei anderen Personen.

**Neue Grenzen ziehen**

Das bedeutet, wenn wir lernen, einen Misserfolg in optimistischem Sinne zu interpretieren, kann es uns auch gelingen, negative Erklärungsmuster abzulegen und zwischen Erfolg und Misserfolg neue Grenzen zu ziehen, die unsere optimistische Lebenseinstellung nicht mehr so leicht tangieren.

**Ein Beispiel für unterschiedliche Reaktionen**

*Ein Beispiel:* Sie haben ausgerechnet den vierzigsten Geburtstag Ihrer besten Freundin vergessen und machen sich deshalb schreckliche Vorwürfe. Wären Sie Pessimist, würde sich Ihr innerer Dialog etwa folgendermaßen anhören: „Ich vergesse immer (dauerhaft) die wichtigsten Dinge. An was denke ich denn überhaupt noch (allumfassend)?! Was bin ich doch für eine entsetzliche Person (persönlich verursacht)!" Haben Sie dagegen eine optimistische Grundeinstellung, dann sagen Sie sich Folgendes: „Zu dumm, dass ich das vergessen habe! Dabei habe ich die letzten Jahre immer an ihren Geburtstag gedacht – nur gerade dieses Mal nicht (vorübergehend)! Ich bin doch sonst nicht so vergesslich (situationsbezogen). Aber wahrscheinlich lag es daran, dass die Kinder krank sind und ich vor lauter Hektik nicht weiß, wo mir der Kopf steht (nicht selbstverschuldet)." Der wahre Optimist findet überdies auch gleich die Hintertür und eine Lösung: „Ich werde ihr morgen einen Brief und einen Blumenstrauß schicken und sie als Entschuldigung für nächste Woche ins Kino einladen."

Was meinen Sie wohl, wer dieses kleine Malheur leichter wegsteckt und den Rest des Tages trotzdem genießen kann? Merken Sie sich:

**Der Optimist betrachtet einen Misserfolg als vorübergehend, situations- oder sachbezogen und meistens nicht selbstverschuldet.**

Training:

Suchen Sie aus der letzten Aufgabe (Seite 74) die Situation heraus, die Sie als die schlimmste Krise in Ihrem bisherigen Leben betrachten und fragen Sie sich: War dieser Misserfolg

- dauerhaft oder vorübergehend?
- allumfassend oder situationsbezogen?
- selbstverschuldet oder nicht?

Begründen Sie Ihre Einschätzung!

**Optimisten fällt vieles leichter** Optimismus ist für jeden Menschen eine phantastische Voraussetzung, um sein Leben positiv zu gestalten. „*Mehr Chancen im Beruf und in der Liebe – Optimisten fällt tatsächlich vieles leichter*" ist ein Artikel überschrieben, der vor einiger Zeit in der *Welt am Sonntag* veröffentlicht wurde. Und er beginnt: „*Optimistische Menschen, die wie selbstverständlich davon ausgehen, dass in ihrem Leben alles gut laufen wird, haben tatsächlich sowohl im Beruf als auch in der Liebe bessere Chancen.*"

(Welt am Sonntag. Zitiert nach: Der erfolgreiche Weg 10/1996; S. 34)

Zu dem Begriff „Optimismus" gibt es viele sinnverwandte Bezeichnungen, die alle eine positive, ermutigende Botschaft erhalten:

| | |
|---|---|
| Chance | Lebensbejahung |
| Daseinsfreude | Lebensfreude |
| Erwartung | Lebensmut |
| Fortschrittsglaube | rosa Brille |
| Freude | Sonne im Herzen |
| Glauben | Vertrauen |
| Heiterkeit | Vorfreude |
| Hoffnung | Zuversicht |
| Kraft | |

Training:

Suchen Sie sich die drei Begriffe heraus, die Ihnen am meisten zusagen. Schreiben Sie dann auf ein Blatt Papier groß das Wort „Optimismus" und darunter die drei ausgewählten Begriffe. Das Blatt hängen Sie sich anschließend für eine Woche über Ihren Badezimmerspiegel, damit sich Ihr Unterbewusstsein an diese Begriffe gewöhnt.

Finden Sie mindestens vier weitere Begriffe, die in die Liste der „Optimismus-Wörter" hineinpassen!

Ein passiver Optimismus, der sich in unproduktiven, schwelgerischen Wunschträumen erschöpft, eignet sich nicht dazu, Ihre Lebensgestaltung positiv zu beeinflussen. Optimismus macht dann am meisten Sinn, wenn er auf ein vernünftiges, vor der Gesellschaft vertretbares Ziel bezogen ist. *Seligman* hat dafür den Begriff *„flexibler Optimismus"* geprägt (vgl. Seligman 1991, S. 254), der Ihnen einerseits hilft, die selbst gesteckten Ziele erfolgreich anzusteuern und zu erreichen und andererseits mit unangenehmen Ereignissen besser fertig zu werden und die Konsequenzen daraus zu ziehen, die am meisten Erfolg versprechen.

**Optimismus als Selbstzweck ist unproduktiv**

Wie können wir nun erreichen, dass wir von Tag zu Tag immer positiver und optimistischer denken und handeln? Einen

Weg haben wir bereits aufgezeigt: Sie lassen sich von Misserfolgen nicht mehr so stark beeinflussen, sondern interpretieren die Ursachen wohlwollend und knapp, um dann wieder optimistisch an Ihre nächsten Pläne zu denken. Ein anderer Weg ist, positives Denken zu trainieren, indem Sie Ihrem Unterbewusstsein die entsprechenden Impulse geben – davon wird das nächste Kapitel ausführlich handeln.

### Die „Drei Diamanten":

- Wer jeden Tag bewusst fröhlich, optimistisch und voller Zuversicht beginnt, der ist ein Meister der Lebenskunst.
- Der Optimist ist der eigentliche Realist, denn er sieht immer die Chancen.
- Der Optimist denkt nicht lange über seine Misserfolge nach, sondern geht sofort an die Lösung anstehender Probleme.

## Ihr wichtigster Helfer: Das Unterbewusstsein

*Mit Hilfe des Unterbewusstseins Ängste und Unsicherheiten bewältigen*

Viele Prominente aus Industrie, Gewerkschaft, Politik oder Sport genauso wie Hausfrauen, Schüler oder Angestellte ließen sich im Laufe der letzten Jahre in meinem *„Institut für Persönlichkeitsbildung, Rhetorik und Zukunftsgestaltung"* trainieren. In meinen Seminaren wurden sie erfolgreich von Unsicherheit, Ängsten und Nervosität befreit. Was sie dabei vor allem lernen, ist Folgendes: Es kommt darauf an, dass wir unser Leben nicht allein durch unseren Intellekt meistern wollen, sondern dass wir weit stärker, als wir es bisher getan haben, auch die Fähigkeiten und die Möglichkeiten des Unterbewusstseins einsetzen. Wir müssen dieses Unterbewusstsein vor unseren Lebenswagen spannen, um das verwirklichen zu können, was wir heute als Lebensqualität bezeichnen.

> **Wir haben ein Unterbewusstsein. Wir sollten es auch nutzen!**

Woher beziehen wir unsere Energie? Aus dem Bewusstsein oder aus dem Unterbewusstsein? Betrachten Sie einmal einen schönen großen Baum: Er besteht aus den Wurzeln, dem Stamm und der Krone. Und er wächst im Laufe der Jahre nicht nur in die Höhe, sondern genauso in die Tiefe. Wenn seine Wurzeln nicht genügend Platz und Nahrung bekommen, verkümmert der ganze Baum.

**Unsere Wurzeln liegen im Unterbewusstsein**

Auch wir sollten äußerlich und innerlich wachsen, in die Höhe und in die Tiefe – auf die richtige Balance kommt es an! Wenn die Wurzeln genügend Nahrung bekommen und Platz haben, sich zu entfalten, dann ist auch der Baum gesund; er wächst und gedeiht und seine Blüten kommen jedes Jahr von alleine wieder. Reine Oberflächenkosmetik hätte keinen Sinn, wenn an der Wurzel etwas nicht in Ordnung wäre. Doch mit gesunden Wurzeln wird der Baum sich selbst dann wieder erholen, wenn der Sturm einmal einen Ast abbricht.

**Gesunde Wurzeln geben Kraft**

*„Das Wesentliche ist für die Augen unsichtbar"*, sagt der Kleine Prinz von *Antoine de Saint-Exupéry*. Die unsichtbaren Wurzeln sind es, die den immer wiederkehrenden Erfolg ermöglichen. Ein einzelnes Erfolgserlebnis kann jeder einmal haben; wer jedoch den lebenslangen Erfolg anstrebt, muss die entsprechenden Wurzeln in sich anlegen und pflegen. Nur wer in sich selbst ruht, in sich selbst einen Mittelpunkt hat, ist der Hektik dieser Zeit gewachsen. Der Mensch lebt aus der Tiefe, das Äußere macht nur sichtbar, wie es innen aussieht. Erfolgreich zu sein nützt uns auch nichts, wenn wir dabei in kurzer Zeit innerlich ausbrennen: Unsere Kraft und Energie muss immer wieder aktiviert und aufgeladen werden. Deshalb müssen wir darauf achten, unser Unterbewusstsein zu

**Unser Unterbewusstsein braucht stete Pflege**

pflegen und immer wieder durch positive, aufbauende Gedanken zu ernähren.

**Training:**

Eine einfache Methode, Ihr Unterbewusstsein positiv aufzuladen, ist das Sammeln von schönen Erinnerungen. Denken Sie einmal an die schönsten Stunden Ihres Lebens und notieren Sie mindestens zehn Situationen:

Sicherlich haben Sie in Ihrem Leben bereits mehr als zehn Glücksmomente erlebt – aber an wie viele davon können Sie sich noch erinnern? Der Mensch lebt aus seinem Gedächtnis; schon *Cicero* erklärte: *„Das Gedächtnis ist die Schatzkammer des Lebens."* Je mehr Erinnerungen an Liebe, Glück und Erfolg darin verfügbar sind, umso intensiver stellt sich das Unterbewusstsein auf Glücksmomente ein. Führen Sie eigentlich schon ein „Glückstagebuch"?

**Glücksmomente erinnern**

**Training:**

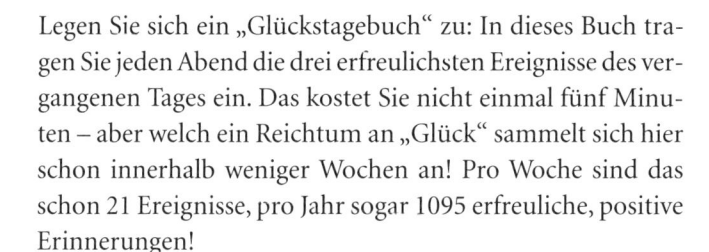

Legen Sie sich ein „Glückstagebuch" zu: In dieses Buch tragen Sie jeden Abend die drei erfreulichsten Ereignisse des vergangenen Tages ein. Das kostet Sie nicht einmal fünf Minuten – aber welch ein Reichtum an „Glück" sammelt sich hier schon innerhalb weniger Wochen an! Pro Woche sind das schon 21 Ereignisse, pro Jahr sogar 1095 erfreuliche, positive Erinnerungen!

Jedes noch so kleine Ereignis, das Sie schriftlich festhalten, prägt Ihr Unterbewusstsein.

**Durch Schreiben wird der Geist Materie.**

Die Glücksmomente werden erst durch das Aufschreiben Teil unserer Realität und nur durch das Aufschreiben können wir sicher sein, dass sich das positive Ereignis fest in unserem Gedächtnis (und in unserem Unterbewusstsein) verankert. Je öfter wir uns mit diesen schönen Erlebnissen beschäftigen, umso tiefer ist ihre Wirkung und umso tiefer prägen sie unser zukünftiges Verhalten.

**Glücksmomente tief verankern**

**Das Eisberg-Modell**  Vielleicht kennen Sie das Eisberg-Modell des menschlichen Geistes: Demnach entspricht das Bewusstsein der Spitze eines Eisberges. Jedoch macht dieses Bewusstsein nur ein Viertel unseres Geistes aus! Wenn Sie sich vor Augen halten, dass das Unterbewusstsein zusammen mit dem Unbewussten dagegen mehr als drei Viertel des menschlichen Geistes ausmacht, dann können Sie auch verstehen, warum das Unterbewusstsein so wichtig für unsere persönliche Entwicklung ist.

```
        /\
       /  \
      / ICH \          Das Bewusstsein
     /------\
    /  DAS   \         Der Zentralspeicher
   /  UNTER-  \        Unsere Maschine
  / BEWUSSTSEIN\
 /--------------\
 /               \     Das kollektive
/  DAS URWISSEN   \    Unterbewusste
/                  \   (die Evolutions-
/_____\ Erfahrung)
```

**Mit einem positiven Unterbewusstsein lässt sich der Erfolg nicht mehr verhindern!**

**Das Unterbewusstsein „programmieren"**  Alle großen Taten werden im Inneren des Menschen vorbereitet, so auch der Erfolg. Wir sollten die gewaltigen Kräfte unseres Unterbewusstseins nutzen! Wie funktioniert das? Ähnlich wie ein Computer lässt sich auch Ihr Unterbewusstsein programmieren. Wenn Sie positive Suggestionen und Gedanken ständig wiederholen oder sogar auswendig lernen, dann werden Sie früher oder später in Ihrem Unterbewusstsein Ihren besten Mitarbeiter finden. Dabei sollten Sie Folgendes beachten:

1. Suchen Sie die Gedanken sehr sorgfältig aus, mit denen Sie sich beschäftigen, denn das Unterbewusstsein hat keine Kontrollinstanz! Es ist nur das ausführende System; und das Ergebnis dieser Ausführungen (Output) hängt davon ab, welche Gedanken Sie zulassen (Input). Die Vernunft wählt also die Ziele aus, das Unterbewusstsein kümmert sich um die Realisierung.   **Wählen Sie sorgfältig aus**

2. Geben Sie wichtige Gedanken und Impulse nicht nur einmal, sondern so oft wie möglich an Ihr Unterbewusstsein weiter!   **Wiederholung**

Jeder noch so kleine Gedanke kann sich durch die Wiederholung zu einer starken, mächtigen Vision entwickeln: *„Beachtung bringt Verstärkung" (elftes Grundgesetz) – „Aus dem kleinsten Gedankenfunken kann ein leuchtendes Feuer werden" (fünftes Grundgesetz)*. Diese und die anderen Grundgesetze sind Naturgesetze, wie auch der Erfolg ein Naturgesetz ist. Alles lebt und entwickelt sich nur für den Erfolg und durch den Erfolg.   **Vom Gedanken zur Vision**

Deshalb sollten Sie die vierzehn Grundgesetze der Lebensentfaltung *auswendig lernen*. Dadurch prägen Sie Ihrem Unterbewusstsein diese Gesetzmäßigkeiten so intensiv ein, dass es das Erlernte unbewusst, also völlig automatisch nutzen kann. So werden Sie voller Optimismus und Freude neue Dimensionen im Alltag erobern. Indem Sie Ihr Unterbewusstsein konsequent mit positiven Gedanken füttern, lernen Sie Ihre eigenen Erfolge zu verursachen. Lassen Sie nicht zu, dass der Zufall Ihr Unterbewusstsein programmiert!   **Lernen Sie die 14 Grundgesetze auswendig**

**Nutzen Sie Ihr Potential!** Ihr Gehirn besitzt dreizehn Milliarden Zellen, die alle darauf warten, von Ihnen genutzt zu werden. Dreizehn Milliarden – das ist eine Zahl mit neun (!) Nullen! Möchten Sie nur deren Besitzer sein oder möchten Sie sie auch als tüchtige Mitarbeiter für Ihre Zwecke einspannen? Möchten Sie Ihr Leben nur geschehen lassen oder wollen Sie es selbst steuern? Ich jedenfalls kann mir kein schöneres Leben vorstellen, als die Zeit zu nutzen, um aktiv an der Erfüllung meiner Wünsche zu arbeiten!

Training:

Motivieren Sie Ihr Unterbewusstsein regelmäßig zur Mitarbeit, als wäre es ein guter Freund. Sprechen Sie mit ihm! Lesen Sie den folgenden Suggestionstext laut vor und wiederholen Sie diese Übung in den nächsten vier Wochen täglich viermal vor dem Spiegel. Die Wirkung auf Ihre Ausstrahlung wird sich schon nach wenigen Wochen sehr deutlich zeigen.

„Ich bin fest entschlossen, die Kräfte und Fähigkeiten
meines Unterbewusstseins zu nutzen.
Mein Unterbewusstsein ist mein bester Mitarbeiter,
es ist der Riese in mir.
Ich lerne, mein Unterbewusstsein immer stärker
zu beeinflussen.
Täglich werde ich mein Unterbewusstsein überzeugend
und suggestiv ansprechen und zu ihm sagen,
was ich von ihm erwarte.
Täglich wächst mein suggestiver Einfluss, das stärkt und
kräftigt meine Persönlichkeit.
Alle Kräfte meines Unterbewusstseins warten darauf,
meine Wünsche zu erfüllen.
Aus diesem Grunde werde ich täglich konzentriert und suggestiv mein Unterbewusstsein besprechen, dann wird mein bester Mitarbeiter alles tun, was ich von ihm erwarte."

Alle großen Persönlichkeiten der Geschichte haben die Macht ihres Unterbewusstseins genutzt – das können Sie auch, indem Sie es immer wieder mit den richtigen optimistischen Ideen und Vorstellungen prägen. Nutzen Sie den inneren Giganten, um durch ihn Ihre Möglichkeiten und Chancen optimal zu nutzen!

**Alle Möglichkeiten liegen in Ihnen**

Stellen Sie sich vor, Sie stehen am Ufer eine Baches und wollen auf die andere Seite. Wenn in der Mitte ein einziger großer Stein läge, könnten Sie mit zwei Schritten am anderen Ufer sein … Sie fangen an, kleine Steine in das Bachbett zu werfen. Die ersten paar Würfe hinterlassen scheinbar keinerlei Wirkung. Doch Sie machen unbeirrt weiter, und so allmählich sammeln sich die Steine auf dem Grund des Baches an. Schließlich erhebt sich doch ein kleiner Berg mitten aus dem Wasser – Sie können trockenen Fußes hinüber. Die gleiche Wirkung hat das Auswendiglernen oder Wiederholen positiver Gedanken: Schon nach kurzer Zeit wird der Erfolg auch in der Außenwelt sichtbar!

**Jeder kleinste Stein zählt**

Am leichtesten lässt sich unser Unterbewusstsein prägen, wenn wir im Alpha-Zustand sind. Unser Gehirn produziert im Verlauf des Tages unterschiedlich starke Gehirnströme. Die Bandbreite der Wellenlängen variiert von 0 bis 35 Hertz:
- im Tiefschlaf (Delta-Zustand): 0 bis 4 Hertz
- im leichten Schlaf (Theta-Zustand): 4 bis 7 Hertz
- in der Entspannung (Alpha-Zustand): 7 bis 14 Hertz
- im schwachen bis starken Erregungszustand (Beta-Zustand): 14 bis 35 Hertz.

Im Alpha-Zustand ist das Tor zum Unterbewusstsein weit geöffnet: Der Geist ist hellwach; der Körper jedoch befindet sich in tiefer Ruhe und Entspannung. So werden die geistigen Energien wie mit einem Brennglas gebündelt. In diesem Zustand der Entspannung kann der Körper kein Adrenalin produzieren, so dass keine wie auch immer gearteten Ängste

**Im Alpha-Zustand Kraft tanken**

entstehen. In diesem angstfreien Zustand finden sich Mut, Zuversicht und Optimismus automatisch ein. Durch die innere Gelassenheit werden die Sorgen und Befürchtungen kleiner; Sie fühlen sich frei und kraftvoll. Deshalb sollten Sie sich mindestens einmal am Tag in den Alpha-Zustand begeben.

**Der Alpha-Zustand ist Ihr Schlüssel zum Erfolg.**

**Beispiel Serge Rachmaninow**  Welchen Erfolg eine gezielte Suggestion im Alpha-Zustand haben kann, zeigt die folgende Begebenheit: Der weltberühmte russische Komponist *Serge Rachmaninow* (1873 bis 1943) wurde im Jahre 1899 nach England eingeladen. Im Zustand schwerster Depression trat er seine Reise an. Er hatte versprochen, für die Philharmonie in London ein Klavierkonzert zu schreiben, aber er machte eine unschöpferische Phase durch: Stundenlang starrte er auf sein Klavier, doch keine Ideen stiegen in ihm auf.

**Suggestion im Alpha-Zustand**  Er verfiel in fortschreitende Lethargie, die seine Freunde stark beunruhigte. Durch Zufall erfuhr man von einem Londoner Hypnosearzt. Im Frühjahr 1900 besuchte Rachmaninow diesen Hypnotiseur und ließ sich von ihm behandeln. Im Entspannungszustand (Alpha-Zustand) suggerierte ihm der Arzt: *„Sie werden mit dem Komponieren Ihres Konzertes beginnen. Die Arbeit wird Ihnen sehr leicht fallen. Das Werk wird exzellent sein. Gehen Sie nach Hause und denken Sie darüber nach."*

Diese Gedanken wurden ihm in das Unterbewusstsein eingepflanzt. Rachmaninow nahm die neue Programmierung auf und schrieb daraufhin sein unsterbliches Klavierkonzert Nr. 2 in C-Moll. Es ist in die Musikgeschichte eingegangen.

Den Alpha-Zustand erreichen Sie am leichtesten durch Entspannungsübungen und Suggestionen, wie sie auch auf unseren Suggestivcassetten zu finden sind. Durch diese Übungen verändert sich Ihre Atmung, ein Prinzip, das man in allen Meditationstechniken der Welt wiederfindet. Zwanzig Minuten am Tag im Alpha-Zustand zu entspannen und aufzutanken kann wichtiger und produktiver sein, als von morgens bis abends pausenlos zu arbeiten.

**Entspannungsübungen und Suggestionen**

Die geheimnisvolle Wirkung des Alpha-Zustandes erklärt sich durch folgende Erkenntnisse:

**Die Wirkung des Alpha-Zustandes**

- im Alpha-Zustand ist das Gehirn am lernfähigsten;
- im Alpha-Zustand ist der Mensch am reaktionsfähigsten;
- im Alpha-Zustand kann man sich am leichtesten von falschen Programmen und Vorstellungen lösen und neue, wertvollere Programme einrichten;
- im Alpha-Zustand lernt der Mensch, sein volles Potential zu nutzen:
- im Alpha-Zustand überwindet der Mensch seine Begrenzungen;
- der Alpha-Zustand aktiviert Kraft und Energie zum Handeln;
- der Alpha-Zustand lässt Ängste schwinden und den Glauben wachsen, der Berge versetzen kann.

Warum also sollten Sie ein derartiges Potential nicht erfolgreich für Ihre Ziele einsetzen?

**Die „Drei Diamanten":**

- Wir haben ein Unterbewusstsein. Wir sollten es auch nutzen!
- Mit einem positiven Unterbewusstsein lässt sich der Erfolg nicht mehr verhindern!
- Der Alpha-Zustand ist Ihr Schlüssel zum Erfolg.

## Die erfolgreiche Selbstmotivation

### Ich kann, was ich will!

Das sollte Ihr Motto sein, das Sie sich groß auf ein Blatt Papier schreiben und an einer gut sichtbaren Stelle aufhängen. Denn egal, ob Sie den Ärmelkanal durchschwimmen, sich einen widerspenstigen Lebenspartner angeln, ein Geschäft eröffnen, nach Australien auswandern oder sonst etwas „Unmögliches" tun wollen – wenn Sie es wirklich wollen, mit jeder Faser Ihres Herzens, dann wird es Ihnen auch gelingen! Wenn Sie es wirklich wollen, dann werden Sie Mittel und Wege finden, um Ihre Ziele zu verwirklichen.

*Vier Säulen des Erfolges*  Bei jedem Ziel, das Sie erreichen wollen, gibt es vier Aspekte, die Sie beachten müssen, denn das Haus des Erfolges steht auf vier Säulen:

*Der Wille*  1. Wann und Wo haben Sie beschlossen, erfolgreich zu sein? Gibt es einen Zeitpunkt in Ihrem Leben, an dem deutlich ein Funke übersprang und Sie wussten: „Ab jetzt will ich Erfolg haben?" Wenn Ihnen kein derartiger Zeitpunkt einfällt, dann beschließen Sie jetzt in diesem Moment definitiv: *Ich will ab sofort erfolgreich sein!*

2. Auf welchem Gebiet wollen Sie erfolgreich sein? Sie haben die Freiheit der Wahl: Sie können ein erfolgreicher Chef, Partner, Versicherungsfachmann, Architekt, Sportler und so weiter werden – aber Sie dürfen Ihre Energien dabei nicht nach dem Gießkannenprinzip ausschütten! Der Laserstrahl ist gefragt, die Konzentration auf das Wichtigste; Konzentration ist die Verdichtung von Energie.

**Die Konzentration**

3. Sie haben die Gewissheit, dass Sie alles lernen können! Vielleicht sind Sie auf Ihrem „Erfolgsgebiet" noch ein Anfänger, dann lernen Sie eben hinzu! Die Tiere folgen ihrem Instinkt, ihnen ist alles, was sie wissen müssen, bereits angeboren. Die Menschen dagegen handeln nach ihrem Charakter und dieser wird durch Lernen und Erfahrung geformt.

**Die Bereitschaft zu lernen**

4. Wer im Leben erfolgreich sein will, der sollte andere überzeugen können. Das erfolgreiche Leben beginnt mit der Fähigkeit, erfolgreich zu sprechen. Es reicht nicht aus, nur positiv zu denken – Sie müssen auch positiv und optimistisch sprechen! Es ist von großer Bedeutung, was Sie sagen du wie Sie etwas sagen, denn Ihre Worte können auf Ihr gesamtes Umfeld entweder aufbauend oder zerstörend wirken. Das ganze Leben besteht aus dem Senden und Empfangen von Informationen und Ihre Qualität als Sender macht Ihren Erfolg aus! Ihre Stimme ist wie ein Ausweis, den Sie ständig mit sich herumtragen.

**Das überzeugende Sprechen**

**Training:**

Lesen Sie sich den folgenden Suggestionstext laut vor. Ebenso wie mit der Autosuggestion im letzten Kapitel haben Sie auch mit diesem Text die Möglichkeit, sich selbst zu beeinflussen! Wiederholen Sie diese Übung täglich viermal und Sie werden schon innerhalb kurzer Zeit merken, wie Ihnen diese Gedanken in Fleisch und Blut übergehen und Ihr Verhalten positiv steuern:

> „Ich bin fest entschlossen,
> die Chance meines Lebens zu nutzen.
> Wer erfolgreich sein will, muss im Sprechen
> beherrscht und im Tonfall seiner Stimme
> absolut sicher sein.
> Ich weiß, dass für die Macht der Sprache die innere
> Sicherheit ausschlaggebend ist – das ist eine Frage des
> Vertrauens zur eigenen Kraft.
> Ich kann im Sprechen nur dann sicher sein,
> wenn ich innerlich sicher bin.
> Ich bin sicher. Vollkommen sicher.
> Und frei von allen Hemmungen!"

**Üben Sie täglich!** Machen Sie sich solche Suggestionen zur Gewohnheit! Wenn Sie noch nicht begonnen haben, mit der im letzten Kapitel vorgestellten Suggestion zu arbeiten, dann suchen Sie sich jetzt bitte den Text aus, der Sie stärker anspricht und beginnen Sie noch heute mit Ihrem Training. Sie sollten immer nur mit einer Autosuggestion arbeiten und zwar für mindestens vier Wochen am Stück.

**Die Macht der Gewohnheiten** Der Mensch ist ein „Gewohnheitstier": 95 Prozent unseres Verhaltens sind abhängig von Gewohnheiten! Zwar können wir unsere schlechten Gewohnheiten nicht bekämpfen, denn dadurch würden wir ihnen zu viel Beachtung schenken und sie somit ungewollt verstärken – aber wir können sie durch neue, bessere Gewohnheiten ersetzen. Die Macht der Gewohnheiten führt uns zum Erfolg; und der Alpha-Zustand unterstützt uns darin, neue Gewohnheiten fest zu verankern.

Besonders mit Hilfe von Suggestivcassetten können positive Verhaltensweisen tief ins Unterbewusstsein eingeprägt werden. Voraussetzung dafür ist der feste Wunsch, ein bestimmtes Ziel zu erreichen. Ist er vorhanden, dann stehen alle Türen offen.

Indem Sie regelmäßig
- Autosuggestions-Training und
- Alpha-Training

betreiben, laden Sie Ihre Nervenbatterien auf. Ihre Kräfte sind konzentriert und gleichzeitig wird das Unterbewusstsein darauf programmiert, diese Kräfte gezielt einzusetzen, um das Ergebnis zu optimieren. Das tägliche Alpha-Training sollte für jeden Optimisten eine Selbstverständlichkeit sein!

**Alpha-Training für jeden Optimisten**

**Alpha-Training:**

Verstärken Sie gleich jetzt Ihre wertvollen Vorsätze, indem Sie die folgenden Sätze ergänzen:

1. Da die Zeit reif ist, werde ich

2. Da die Zeit reif ist, werde ich

3. Da die Zeit reif ist, werde ich

4. Da die Zeit reif ist, werde ich

5. Da die Zeit reif ist, werde ich

Sie brauchen Ihren Erfolg also nicht dem Zufall zu überlassen; Sie können Erfolg trainieren! *Albert Einstein* sagte sehr treffend: „*Gott würfelt nicht.*" Nichts ist dem Zufall überlas-

**Alles, was lebt, braucht Erfolg**

sen, alles Leben entfaltet sich nach bestimmten Gesetzen – nach den Gesetzen des Erfolges. Alles, was lebt, braucht Erfolg. Jeder Halm, jede Knospe, jeder Baum, jedes Tier, jeder Mensch, ob jung oder alt. In der Natur zeigt sich sehr deutlich, dass die Tiere und Pflanzen, die sich nicht anpassen oder ihre Probleme lösen, mit der Zeit aussterben.

> **Erfolg ist das Lebensprinzip schlechthin, die zentrale Aufgabe des Universums!**

Wenn Sie sich ebenfalls nach den Erfolgsgesetzen richten (die wir in den „Grundgesetzen der Lebensentfaltung" formuliert haben), dann sind Ihre künftigen Erfolgserlebnisse auch nicht zufällig, sondern durch Ihr Training und Ihre innere Einstellung verursacht – und dann werden Ihre Erfolge auch wiederholbar!

**Intuition – der innere Ratgeber**

Viele erfolgreiche Optimisten entwickeln und pflegen die Gabe der Intuition. Dieser innere Ratgeber durchdringt sämtliche Schichten des Bewusstseins: unser Tagbewusstsein genauso wie das Unterbewusstsein und das kollektive Unbewusste. Die Intuition ist es, die uns im Zweifelsfall das gute oder schlechte Gefühl eingibt, nach dem wir dann schließlich entscheiden:

> **Im Streit zwischen Gefühl und Intellekt siegt immer das Gefühl!**

Das besagt unser *achtes Grundgesetz*. Erstaunlich ist nur, dass in unserem Kulturkreis so wenig Rücksicht auf diese Tatsache genommen wird. Die meisten Menschen orientieren sich hauptsächlich am Intellekt. Dabei wusste schon *George Bernard Shaw*:

**Unsere Gesellschaft ist rational ausgerichtet**

> „Es ist das Gefühl, das den Intellekt entzündet und nicht der Intellekt, der das Gefühl entfacht."

Die besten Argumente wirken nicht, wenn das Gefühl dagegenspricht. Es ist das Gefühl, der Instinkt, der uns zu einer Handlung oder Entscheidung treibt. Diese innere Stimme hat Kontakt zu all unseren Bewusstseinsebenen; sie schöpft aus dem Vollen sämtlicher dort vorhandener Informationen. Die innere Stimme ist es, die uns und unser Leben am besten kennt – besser, als wir selbst uns über unseren Verstand begreifen. Den Kontakt zu ihr können wir herstellen, indem wir uns regelmäßig in den Alpha-Zustand begeben und sie dort um Rat fragen:

**Unsere Intuition kennt uns besser als unser Verstand**

> **Unser Geist ist unglaublich weise – man muss ihn nur befragen.**
> **Die Tür zum Erfolg geht nach innen auf!**

Diesen Merksatz können Sie als Autosuggestion benutzen und sich so den Weg in Ihr Unterbewusstsein erleichtern: Alles liegt in uns, die Fragen und die Antworten, die Ziele und der Erfolg.

**Fühlen Sie Ihre Ziele!** Im Zustand der Entspannung sind wir ruhig und aufnahmebereit für alles, was kommt. Unser Unterbewusstsein nimmt die Wünsche und Aufträge von uns entgegen und macht sich an die Arbeit, sie zu verwirklichen. Je stärker wir diese Ziele mit intensiven Gefühlen verbinden, umso tiefer werden sie im Unterbewusstsein verankert, besagt unser *neuntes Grundgesetz*:

> **Gefühle lenken und verstärken die Konzentration unbewusst, aber nachdrücklich.**

Konzentrieren Sie sich also im Alpha-Zustand auf einen sehr wichtigen Wunsch und stellen Sie sich so intensiv wie möglich vor, wie Sie Gefühle der Freude, der Begeisterung, des Glücks oder des Stolzes empfinden, wenn Sie dieses Ziel erreicht haben. Wenn diese Gefühle brennend genug sind, wird sich das Unterbewusstsein unverzüglich daran machen, an der Realisierung dieses Wunsches zu arbeiten.

**Training:**

Gehen Sie mit Hilfe einer Suggestionscassette oder einer anderen Entspannungsmethode in den Alpha-Zustand. Denken Sie an einen Wunsch oder ein Ziel, das für Sie momentan von großer Bedeutung ist. Malen Sie sich in Ihrer Phantasie aus, wie es sein wird, wenn Sie dieses Ziel erreicht haben und schmücken Sie Ihre Vorstellung mit den intensivsten Gefühlen und Empfindungen aus, die Sie in Bezug auf dieses Ziel wahrnehmen können.

Gewöhnen Sie sich diese Methode an. Es ist die erfolgreichste Methode der Selbstmotivation, die es gibt! „*Ich kann, was ich will!*" – das ist „der erfolgreiche Weg" schlechthin! So können Sie sich immer wieder selbst motivieren. Denn nur wer sich selbst erfolgreich motivieren kann, dem gelingt es auch, andere Menschen zu motivieren. Und die wichtigste Fähigkeit eines erfolgreichen Menschen ist es nach wie vor, dass er sich und andere motivieren und beeinflussen kann, dass er andere für sich und seine Ziele begeistern kann!

**Selbstmotivation ist der erfolgreiche Weg schlechthin**

Wenn Sie den „erfolgreichen Weg" konsequent praktizieren, werden Sie (mindestens) 23 Vorteile haben:

1. Sie haben mehr Erfolg durch eine gesteigerte Entschlussfähigkeit.
2. Sie erleben eine Steigerung Ihrer Leistungsfähigkeit.
3. Sie können andere Menschen immer wirkungsvoller inspirieren.
4. Sie können Nervosität, die aus Überlastung resultiert, schneller abbauen.
5. Stressbedingte Beschwerden verschwinden.
6. Ihr gesundheitliches Befinden steigert sich.
7. Sie werden Ihre Erholungspausen effektiver nutzen.
8. Sie können Ihre Freiheit intensiver genießen.
9. Die Umschaltung von Anspannung auf Entspannung ist Ihnen jederzeit möglich.
10. Sie werden mit Freude einschlafen und gut gelaunt erwachen.
11. Sie fühlen sich nicht unterdrückt.
12. Sie werden sich frei entfalten.
13. Sie erleben eine Steigerung Ihres Selbstbewusstseins.
14. Sie erhalten stärkere Nerven- und Willenskraft.
15. Sie können sich selbst in Stresssituationen konzentrieren.
16. Sie werden in extremen Situationen einen klaren Kopf bewahren.

17. Sie können sich auf sich und Ihre Reaktionen verlassen.
18. Sie erleben sich als immer mutiger und optimistischer.
19. Sie erkennen Probleme als das, was sie sind, nämlich Chancen und Herausforderungen.
20. Sie entwickeln ein gutes und zuverlässiges Gedächtnis.
21. Ihr Unterbewusstsein ist Ihr bester Mitarbeiter.
22. Ihre persönliche Einstellung ist heiter und optimistisch.
23. Sie sind eine beliebte und geachtete Persönlichkeit.
24. 
25. 
26. 

**Training:**

Haben Sie selbst noch weitere Vorteile unserer Methode erlebt? Dann ergänzen Sie die Liste bitte!

**Die „Drei Diamanten":**

- Ich kann, was ich will!
- Das erfolgreiche Leben beginnt mit der Fähigkeit, erfolgreich zu sprechen.
- Unser Geist ist unglaublich weise – man muss ihn nur fragen. Die Tür zum Erfolg geht nach innen auf!

## Die Balance: Yin und Yang

*Kein Mensch ist vollkommen*

Kennen Sie einen perfekten, einen vollkommenen Menschen? Wir nicht, denn jeder Mensch hat Fehler, niemand ist vollkommen. Es kommt darauf an, zu erkennen, dass wir auch mit unseren Schwächen ein glückliches und erfülltes Leben gestalten können. Es ist unsere Aufgabe im Leben, trotz unserer Fehler und Schwächen das Beste aus unseren Talenten und Begabungen zu machen.

*„Die Welt ist nicht heil, aber sie ist heilbar."*
　　　　　　　　　　　　　　　　　　Viktor Frankl

Betrachten wir einmal unsere Symbolfigur, den „vollkommenen Menschen", auch Yin-Yang-Figur genannt. Dieser Mensch hat einen festen Stand. Er steht mit beiden Beinen fest auf dem Boden; er hat einen Standpunkt, den er souverän vertreten und verteidigen kann. Er steht zu seinen Idealen und Zielen. **Die Yin-Yang-Figur**

Dieser Mensch steht aufrecht und verkörpert Gleichgewicht; er strahlt Kraft und Harmonie aus. Er macht einen selbstbewussten Eindruck, hält den Kopf oben und ist voller Zuversicht. Er glaubt an seine Möglichkeiten und Chancen und vor allem an seine Zukunft; er erträgt das Leben und ist belastbar. Seine innere Festigkeit ist eine gewaltige Kraft, die aus der Mitte kommt. Viele Menschen sind eher mit Zwiebeln vergleichbar: Sie haben unzählige Schalen und Häute, eine schillernde Oberfläche – aber keinen echten Kern und keine Mitte. Dabei ist die innere Mitte eines Menschen eine wesentliche Voraussetzung für ein erfolgreiches Leben: **Innere Festigkeit**

> **Wer in sich selbst ruht, in sich einen Mittelpunkt hat, der ist der Hektik dieser Zeit gewachsen.**

Die Yin-Yang-Figur ist ein Symbol aus der chinesischen Philosophie des Taos. Diese Philosophie geht davon aus, dass wir in einer Welt der Gegensätze leben: Tag und Nacht, Ebbe und **Aus der Mitte heraus leben**

Flut, männlich und weiblich, Glück und Unglück, Erfolg und Misserfolg und so weiter. Wir alle leben in dieser Welt, in der wir uns täglich behaupten und bewähren müssen. Hier lebt die Symbolfigur aus ihrem Mittelpunkt und steht immer wieder aufrecht, auch wenn sie vom Schicksal in die eine oder andere Richtung gestoßen wird.

Wir wollen uns diese Figur, diesen Menschen als Vorbild nehmen und innerlich genauso stabil werden, damit auch wir uns bei Misserfolg und Ungerechtigkeit immer wieder aufrichten. So werden wir am Schicksal wachsen, aber nicht zerbrechen. Viele Menschen lassen sich schnell aus dem Lot bringen, weil sie ihre Mitte noch nicht gefunden haben. Unsere Philosophie des „erfolgreichen Weges" will Ihnen helfen, mehr und mehr aus der eigenen Mitte zu leben und die notwendige innere Stabilität zu erlangen.

**Wer seinen Mittelpunkt findet, der wird auch für andere zum Mittelpunkt!**

*Hilfe zur Selbsthilfe* Unsere Trainingsmethoden leisten Hilfe zur Selbsthilfe, sie wollen Sie dazu anregen, Ihre Chancen im Leben zu erkennen und zu verwirklichen: der zu werden, der Sie in Wirklichkeit schon sind. Die meisten Menschen wollen gerne etwas sein, etwas darstellen – aber niemand will etwas werden! Dabei reicht es nicht, von Selbstverwirklichung zu träumen oder darüber zu reden – man muss sie schon aktiv praktizieren, um etwas zu erreichen. Ein wirklich erfolgreicher Mensch ist auch ein Symbol des Erfolges für andere. Und er glaubt fest an seine Zukunft. Er sagt nicht: „Ich glaube an mich", das wäre ein Zeichen purer Eitelkeit. Er sagt vielmehr: „Ich glaube an meine Zukunft", das heißt, er glaubt an seine Chancen und Fähigkeiten, er will seine Ziele in der Zukunft verwirklichen – und das ist ein Zeichen von großem Selbstvertrauen! Jeder Mensch ist einmalig und hat seine eigenen persönlichen Wünsche und Chancen:

> **Ein Mensch, der seine Einmaligkeit erkennt und seine Identität bejaht, ist in sich stabil und belastbar.**

Eine Grundvoraussetzung für diese Stabilität ist allerdings auch das körperliche Wohlbefinden. Wer das Ideal des „vollkommenen Menschen" anstrebt, sollte darauf achten, dass er Körper, Geist und Seele gleichermaßen pflegt. Schließlich ist es der Körper, der die Energie liefert, 24 Stunden am Tag, mit deren Hilfe wir daran gehen wollen, unser Leben erfolgreich zu gestalten. Die größten, motivierendsten Ziele aber bleiben reine Träumereien, wenn uns die Gesundheit und Nervenkraft fehlen, um an ihrer Verwirklichung aktiv zu arbeiten.

„… ohne Gesundheit ist alles nichts!" (Schopenhauer)

**Training:**

Was können Sie konkret in den nächsten Tagen für Ihren Körper tun? Überlegen Sie sich eine Maßnahme für die kommende Woche und drei Aktivitäten, die Sie längerfristig in den kommenden sechs Monaten durchführen können, um Ihrem Körper etwas Gutes zu tun!

**Die Verantwortung liegt bei Ihnen**

Wir sind selbst dafür verantwortlich, unseren Körper so zu behandeln, dass er in der Lage ist, eine überschäumende Vitalität zu produzieren, wann immer die Situation es erfordert. Hier sind Sie bereits im Vorteil, denn natürlich ist es für Ihren Körper wichtig, sich regelmäßig im Alpha-Zustand zu entspannen und sich mit Ihrem Unterbewusstsein in Verbindung zu setzen: In dieser Entspannung tanken Sie soviel Kraft und Energie, als würden Sie tief und fest schlafen. Wir selbst können also bestimmen, wie gut es uns geht und den harmonischen Ausgleich schaffen – auf allen Ebenen des Seins!

**Die „Drei Diamanten":**

- Wer in sich selbst einen Mittelpunkt hat, ist der Hektik dieser Zeit gewachsen.
- Wer seinen Mittelpunkt findet, der wird auch für andere zum Mittelpunkt!
- Ein Mensch, der seine Einmaligkeit erkennt und seine Identität bejaht, ist in sich stabil und belastbar.

## Zeit ist Erfolg – Die richtige Planung

**Erfolg will geplant sein**

Gehören Sie auch zu den Menschen, die ihr Leben schlechter planen als ihren Jahresurlaub? Dabei ist jede Stunde wichtig; jeder einzelne Tag bietet uns eine Fülle von Möglichkeiten, unsere Gegenwart und unsere Zukunft erfolgreich zu gestalten. Jeden Tag haben Sie die Chance, etwas zu tun oder zu erreichen, was Ihnen gestern noch nicht möglich war. Ihre Vergangenheit können Sie nicht mehr ändern, darum richten Sie jeden Tag Ihre gesamte Gedankenkraft auf eine erfolgreiche Zukunft, denn:

**Wer nicht an seine Zukunft denkt, der hat keine!**

Haben Sie zu wenig Zeit, wie so viele Menschen? Oder wissen Sie manchmal gar nichts mit Ihrer Zeit anzufangen?

**Wer seine Zeit totschlägt, schlägt seine Chancen und seine Zukunft tot.**

*„Wer seine Zeit aus der Hand gleiten lässt, lässt sein Leben aus der Hand gleiten!"* sagte *Victor Hugo*. Wer dagegen seine Zeit nutzt, der intensiviert sein Leben. *„Es ist nicht wenig Zeit, die wir haben, sondern es ist viel Zeit, die wir nicht nutzen"*, wusste schon *Seneca*.

Menschen, die wissen, was sie wollen, finden immer Zeit für die Dinge, die ihnen wichtig sind: Wer gerne Tanzen geht, wird sich die Gelegenheiten dazu verschaffen, wer gerne ins Kino geht oder lange Spaziergänge macht, wird die Zeit dafür finden. Und wer sich verliebt, der hat plötzlich ungeahnte Freiräume zur Verfügung ...

**Für wichtige Dinge ist immer Zeit**

Training:

Finden Sie heraus, warum Sie zu wenig Zeit haben: Notieren Sie zu den folgenden Sätzen jeweils drei Ergänzungen:

Ich habe zu wenig Zeit, weil ich

Kapitel 2: Planen

Ich hätte mehr Zeit, wenn ich

Ich vergeude zu viel Zeit, weil ich

Ich habe zu wenig Einfluss auf meine Zeitplanung, weil ich

Voraussetzung für eine effektive Zeitplanung ist natürlich, dass Sie genau differenzieren, für was Sie sich einsetzen wollen und für was nicht. Sie müssen sich immer wieder fragen: Was will ich erreichen? *„Gebraucht der Zeit, sie geht so schnell von hinnen, doch Ordnung lehrt Euch Zeit gewinnen!"* sagt Mephisto *in Goethes Faust.* Deshalb sollten Sie Ihre Tage gründlich planen:

**„Was will ich erreichen?"**

**Training:**

Schreiben Sie einmal alles auf, was Sie morgen erledigen wollen. Machen Sie sich eine Liste und notieren Sie auch sämtliche Kleinigkeiten, die Ihnen einfallen. Anschließend nehmen Sie eine Bewertung vor: Sortieren Sie die Aufgaben nach A-, B- und C-Aufgaben:

A-Aufgaben sind die allerwichtigsten, die unbedingt erledigt werden müssen. Sie sollten sich pro Tag allerhöchstens zwei bis drei A-Aufgaben vornehmen.

B-Aufgaben sind die sonstigen wichtigen Erledigungen.

C-Aufgaben sind diejenigen, die Sie auch liegen lassen oder delegieren können.

A-Aufgaben:

B-Aufgaben:

C-Aufgaben:

**Wo liegen die Prioritäten?** Wenn Sie jeden Tag jeweils am Vorabend nach dieser Methode vorbereiten, kostet Sie das höchstens fünf Minuten – aber Sie haben am nächsten Tag deutlich mehr Zeit gespart! (Sie können auch die Liste auf Seite 107 kopieren und Ihre Aufgaben dort eintragen; betrachten Sie dabei aber die Uhrzeiten als Anhaltspunkt und nicht als Zwang.) Sie sehen sofort, was zu tun ist und wo die Prioritäten liegen. Indem Sie die jeweilige A-Aufgabe rot markieren, wird sie auch für Ihr Unterbewusstsein unmittelbar ersichtlich. Sie selbst legen fest, was am kommenden Tag für Sie und Ihre Zukunft das Wichtigste ist. Und so viel Sie auch zu tun haben werden – diese eine A-Aufgabe können Sie immer erledigen. Damit können Sie sich auch automatisch jeden Abend über mindestens ein Erfolgserlebnis freuen!

(Sie können dieses tägliche Erfolgserlebnis zusammen mit Ihren drei Glücks-Erlebnissen in Ihrem Glückstagebuch notieren. So können Sie schwarz auf weiß nachlesen, wie Sie jeden Tag einen Schritt auf dem erfolgreichen Weg weiter vorankommen!)

„Ich werde diesen Tag wertvoll gestalten."

Datum: _____

Jahr: _____

| 6  |  |
|----|--|
| 7  |  |
| 8  |  |
| 9  |  |
| 10 |  |
| 11 |  |
| 12 |  |
| 13 |  |
| 14 |  |
| 15 |  |
| 16 |  |
| 17 |  |
| 18 |  |
| 19 |  |
| 20 |  |
| 21 |  |
| 22 |  |
| 23 |  |
| 24 |  |

**Sie gewinnen Zeit für das Wesentliche** Wenn Sie nun nach dieser Tagesplanung vorgehen, werden Sie feststellen, dass manche der C-Aufgaben, die Sie notiert haben, sich entweder von selbst erledigen oder an andere delegieren lassen. – Sie haben deutlich mehr Zeit für das Wesentliche gewonnen.

Es kommt sowieso nicht darauf an, auf möglichst vielen Töpfen gleichzeitig zu kochen – nicht die Durchschnittsleistung auf möglichst vielen Gebieten ist gefragt, sondern die Spitzenleistung auf Ihrem Spezialgebiet.

**Training:**

Beantworten Sie ohne falsche Bescheidenheit die folgenden Fragen:

Worin sind Sie sehr gut, sind Sie Meister?

Was können Sie besonders gut?

Wo liegen Ihre persönlichen Stärken?

Was können Sie tun, um diese Begabungen auch zum Einsatz zu bringen
a) gleich morgen?

b) in der kommenden Woche?

c) in den nächsten Monaten?

Notieren Sie sich in Ihrem Tagesplan für den morgigen Tag eine A-Aufgabe, bei der Sie Ihre beste Eigenschaft einsetzen können!

**Jedes Talent entfaltet sich nur durch Bestätigung.**

Nehmen Sie Abschied von der alltäglichen Oberflächlichkeit, werden Sie etwas Besonderes! Schreiben Sie sich Ihre Ideen zur Entfaltung Ihrer Talente auf, denn dabei und beim Durchlesen wird Ihr Unterbewusstsein viel intensiver zur Mitarbeit angeregt, als wenn Sie nur darüber nachdenken.

Hören Sie auf, soviel „nach"zudenken, werden Sie endlich ein Meister in der Kunst des Vorausdenkens! Denken Sie ab heute mehr über Ihre Zukunft nach als über Ihre Vergangenheit. Die Vergangenheit können Sie sowieso nicht ändern! Das Planen und Vorausdenken der Zukunft ist keine Flucht aus der Wirklichkeit in irgendwelche Illusionen, sondern Sie begreifen und nutzen damit das Heute als Fundament für das Morgen. Deshalb sollten Sie sich von Ihren verschiedenen Lebensbereichen gezielte Idealvorstellungen machen.

**Vorausdenken ist besser als „nach"denken!**

> **Streben Sie nach dem Äußersten, um das Mögliche zu erreichen!**

Wer das nicht tut, bleibt mit Sicherheit unter seinen Möglichkeiten. Welche Pläne haben Sie für sich, für Ihre Familie, Ihre berufliche Weiterbildung in den nächsten Jahren?

Nehmen Sie sich in den nächsten Tagen einmal Zeit für die folgende Aufgabe – es ist eine A-Aufgabe für Ihre erfolgreiche Zukunft!

Training:

Notieren Sie alle persönlichen Wünsche, Ziele und Ideen für Ihre Zukunft. Alle, auch die kleinsten, unwahrscheinlichsten, unrentabelsten – wirklich alle, die Ihnen einfallen.

Nehmen Sie sich einen großen Ordner und schreiben Sie vorne darauf: „MEINE ZUKUNFT". In diesen Ordner heften Sie als erste Rubrik die Blätter mit Ihren Wünschen ein. Hinter dieser Rubrik legen Sie die folgenden Kapitel an:
1. Beruf
2. Familie
3. Gesundheit
4. Fortbildung
5. Freizeit

Tragen Sie dort *alles* ein, was Sie in Ihrem Leben auf diesen Gebieten noch erfahren, lernen, sehen, kaufen, erreichen, schaffen, realisieren wollen. Nehmen Sie diesen Ordner mindestens einmal pro Woche in einer ruhigen Stunde zur Hand und aktualisieren Sie ihn: Schreiben Sie jeweils alle Gedanken und neuen Ideen dazu, die Ihnen in diesem Moment in den Sinn kommen.

Sie werden zahlreiche Eingebungen und Intuitionen haben, so dass Sie von selbst die richtigen Schritte erkennen und auch tun werden. Ihre Wünsche und Ziele werden sich unaufhaltsam der Realisierung nähern und Wirklichkeit werden. Ihr Unterbewusstsein beginnt automatisch, kreativ zu arbeiten, sobald Sie nur an diesen Ordner denken oder ihn anschauen: *„Beachtung bringt Verstärkung!"* Ihre Intuition wird immer besser und durch das Aufschreiben und Planen nutzen Sie Ihre persönlichen Energien optimal!

**Die Intuition arbeitet für Sie!**

### Die „Drei Diamanten":

- Wer nicht an seine Zukunft denkt, der hat keine!
- Jedes Talent entfaltet sich nur durch Betätigung.
- Wer das Äußerste anstrebt, wird das Mögliche erreichen!

# Nimm Dir Zeit

Nimm Dir Zeit, um zu arbeiten,
es ist der Preis
des Erfolges.

Nimm Dir Zeit, um nachzudenken,
es ist die Quelle
der Kraft.

Nimm Dir Zeit, um zu spielen,
es ist das Geheimnis
der Jugend.

Nimm Dir Zeit, um zu lesen,
es ist die Grundlage
des Wissens.

Nimm Dir Zeit, um fröhlich zu sein,
es ist das Tor
des Glücks.

Nimm Dir Zeit, um zu träumen,
es ist der Weg
zu den Sternen.

Nimm Dir Zeit, um zu lieben,
es ist die wahre
Lebensfreude.

Nimm Dir Zeit, um froh zu sein,
es ist die Musik
der Seele.

(Irländisches Sprichwort)

# Test: Wie stark sind Sie belastet?

Wir haben viel Kraft und Energie zur Verfügung doch diese Reserven sind, wenn wir sie nicht regelmäßig auftanken, irgendwann erschöpft. Kreuzen Sie bei den folgenden Aussagen die zutreffenden Kästchen an (ja/manchmal/nein), um herauszufinden, ob Sie es verstehen, mit Ihren Kräften optimal umzugehen.

**Ihr Kräfte-Haushalt**

|  | ja | manchmal | nein |
|---|---|---|---|
| Ich arbeite im Durchschnitt mehr als 7 Stunden am Tag. | ○ | ○ | ○ |
| Ich arbeite auch außerhalb der regulären Arbeitszeiten. | ○ | ○ | ○ |
| Mein Arbeitstag ist zu kurz. | ○ | ○ | ○ |
| Meine Arbeit strengt mich an. | ○ | ○ | ○ |
| Ich habe auch zeitraubende Hobbys. | ○ | ○ | ○ |
| Ich gehe mehr als sechsmal im Monat abends aus. | ○ | ○ | ○ |
| Ich erhole mich meistens vor dem Fernseher. | ○ | ○ | ○ |
| Ich habe zu wenig Urlaub. | ○ | ○ | ○ |
| Ich wache nachts ab und zu auf. | ○ | ○ | ○ |
| Manchmal nehme ich ein Aufputschmittel. | ○ | ○ | ○ |
| Meine Familie kostet mich viel Kraft. | ○ | ○ | ○ |

| | ja | manch-mal | nein |
|---|---|---|---|
| Ich würde gerne auf eine einsame Insel ziehen. | ○ | ○ | ○ |
| Meine Arbeitszeit ist planmäßig eingeteilt. | ○ | ○ | ○ |
| Meine Arbeitsweise ist vielseitig. | ○ | ○ | ○ |
| Ich teile meine Arbeit selbst ein. | ○ | ○ | ○ |
| Ich habe bei meiner Arbeit die notwendige Unterstützung. | ○ | ○ | ○ |
| Mein Betriebsklima motiviert mich. | ○ | ○ | ○ |
| Ich betreibe regelmäßig mentales Training. | ○ | ○ | ○ |
| Ich lese Bücher/ belege Kurse für meine Weiterbildung. | ○ | ○ | ○ |
| Ich kann in meiner Freizeit die beruflichen Sorgen vergessen. | ○ | ○ | ○ |
| Ich schlafe schnell ein und kann gut durchschlafen. | ○ | ○ | ○ |
| Ich trinke höchstens drei Tassen Kaffee am Tag. | ○ | ○ | ○ |
| Ich ernähre mich gesund. | ○ | ○ | ○ |
| Ich treibe regelmäßig Sport. | ○ | ○ | ○ |

**Auswertung:**
Zählen Sie nun die Anzahl der Ja-Kreuzchen in der ersten Tabelle mit den Nein-Kreuzchen in der zweiten Tabelle zusammen und umgekehrt. Sie erhalten drei Werte:

Ja-Nein-Wert:

Manchmal-Wert:

Nein-Ja-Wert:

Liegt Ihr Ja-Nein-Wert über 12, dann müssen Sie dringend etwas unternehmen. Arbeitseinteilung ist Zeiteinteilung. Schaffen Sie mehr Zeit für die wichtigen Dinge in Ihrem Leben, treffen Sie Entscheidungen durch richtiges Planen! Erstellen Sie ganz konsequent mindestens zwei Wochen lang am Abend die Aufgabenliste für den nächsten Tag. Achten Sie vor allem auch auf Ihre Gesundheit und auf genügend Schlaf.

Liegt Ihr Ja-Nein-Wert zusammen mit dem Manchmal-Wert über 18, dann raten wir Ihnen, Ihr Mentaltraining etwas intensiver zu betreiben. Natürlich gelten die Ratschläge für eine bessere Zeiteinteilung auch für Sie; Zeit ist nicht nur Geld, Zeit sollte auch Lebensqualität sein! Vertrauen Sie auf Ihren besten Helfer, auf Ihre innere Stimme und wiederholen Sie unser Kapitel über die Selbstmotivation (vgl. Seite 88ff.).

Haben Sie mehr als 18 Kreuze in den beiden rechten Spalten (Manchmal und Nein-Ja), dann haben Sie Ihr Leben recht gut im Griff. Pflegen Sie Ihren Körper so gut, dass Sie jederzeit eine überschäumende Vitalität erzeugen können und behalten Sie Ihre neuen positiven Gewohnheiten bei, damit Ihre Arbeitsbelastung nicht eines Tages zur gefürchteten Überbelastung wird!

# Kapitel 3: Wagen

„*Mut beruht vor allem auf dem Willen, ihn zu haben.*"
Ellen Key

## Haben Sie Mut?

**Angst hindert uns am Erfolg**

Viele Wünsche, Ziele, Pläne hören sich toll an – und oft fehlt uns dann der Mut, den entscheidenden Schritt zu tun und sie zu verwirklichen. Alles liegt in uns und an uns; wir haben mehr Fähigkeiten und Möglichkeiten, als wir uns jemals zutrauen – aber wenn wir nicht handeln, dann „erfolgt" auch nichts. Erfolg können wir nur dann haben, wenn wir etwas tun! Und dazu gehört eine Portion Mut, denn nichts hemmt und hindert den Menschen mehr an der Entfaltung seiner Persönlichkeit als die Angst.

**Mut im entscheidenden Augenblick**

Schon in der *Bibel* heißt es: „*Herr, was ich befürchtet, ist über mich gekommen.*" Die Angst raubt uns kostbare Energien, blockiert unser Denken und hindert uns daran, Wege zu erkennen und Lösungen zu finden. In vielen Situationen spielt der Faktor Mut die entscheidende Rolle, zum Beispiel im Sport: Bei den meisten Sportarten sind die Voraussetzungen der Teilnehmer inzwischen nahezu identisch: Sie haben alle dieselbe technische Ausrüstung, dieselben Trainingsbedingungen, erfahrene Trainer und erstklassiges Material. Der Erfolg hängt also von der einzelnen Persönlichkeit ab und hier ist die Frage entscheidend, wie viel Mut und Selbstbewusstsein sie im entscheidenden Moment aufbringen kann.

**Training:**

Notieren Sie vier oder fünf Ereignisse, bei denen Sie Ihren ganzen Mut zusammennehmen mussten, um die Situation zu bewältigen:

---

Was einen Menschen auslaugt und langsam zerstört, ist nicht die Arbeit, der Stress, die Krankheit oder zu wenig Erholung, sondern es sind die inneren Faktoren, die nagenden Ängste und Sorgen: *„Angst essen Seele auf"* betitelte *Rainer Werner Fassbinder* einen seiner unvergessenen Filme. Es sind unsere negativen Erwartungen, denen wir zu viel Beachtung schenken, die uns den Spaß am Leben nehmen. Welche verheerende Wirkung Angst haben kann, verdeutlicht eine alte arabische Legende:

„Angst essen Seele auf"

Die Cholera kommt in Begleitung des Todes nach Mekka und verlangt Einlass. Der Torhüter lässt die beiden passieren und nimmt der Cholera das Versprechen ab, nicht mehr als 500 Menschen zu holen. Von allen unbemerkt, schleicht sich die Furcht in die Stadt und am Ende sterben mehr als 1000 Menschen. „Der Cholera fielen nur 490 zum Opfer", erklärt der Tod dem Torwächter, als sie die Stadt wieder verlassen, „aber du hast nicht bemerkt, dass sich die Furcht in eure Stadt einschlich – die Furcht hat mehr Unheil angerichtet als die Cholera!"

**Angst ist unser größter Feind!**

Angst ist das Leck in unserer Nervenbatterie: Angst beraubt uns unserer Kraft und Energie, Angst vernichtet unsere Hoffnungen, Wünsche und Ziele, sie zerstört unsere Gegenwart und unsere Zukunft. Die Angst ist unser größter Feind, sie ist der zerstörerische Teufel in uns! Wer Angst hat, macht auch anderen Angst. Aber das Gegenteil gilt genauso:

> **Wer Mut hat, macht Mut!**

Wer Mut hat und hinter einer Sache steht, der hat auch Lebenskraft. Wer Angst hat oder seine Kräfte damit verschleudert, gegen Realitäten anzukämpfen, kann nicht mehr zielbewusst handeln. So steht es auch in unserem *zwölften Grundgesetz der Lebensentfaltung:*

> **Zustimmung aktiviert Kräfte, Ablehnung vernichtet Lebenskraft.**

**Konzentrieren Sie sich auf Ihren Mut**

Deshalb sollten Sie sich auch nicht auf Ihre Ängste konzentrieren, sondern auf Ihren Mut: Je genauer Sie Ihre Ziele abstecken und Pläne schmieden, um sie zu verwirklichen, umso bessere Voraussetzungen haben Sie, voller Mut, Tatkraft und Elan an die Umsetzung zu gehen, umso geringer wird Ihre Angst und umso größer Ihre Zuversicht. Wer seine Zukunft plant, der weiß, was auf ihn zukommt und braucht sich vor dem Morgen nicht zu fürchten.

Jeder Mensch besitzt genügend Ressourcen – wir müssen die Dinge nur angehen, sie „wagen"! Dieser Schritt ist der letzte in einer Reihe von Bewusstwerdungsprozessen, die ihren Anfang nehmen in der existenziellen Gewissheit „Ich lebe". Aus der Entwicklung unseres Selbstbewusstseins entspringt dann als Folge das „Ich bin" und wenn wir uns als Konsequenz dieses Seins mit unseren Wünschen auseinandersetzen, entsteht ein „Ich will", das sich aus der Überzeugung von der eigenen Willenskraft entwickelt zum „Ich kann". Und hier folgt der letzte, der alles entscheidende Schritt von der Theorie zur Praxis, von der Idee zum Erfolg: „Ich handle!"

**Ich lebe – ich bin – ich will – ich kann – ich handle!**

Dieser letzte Schritt erfordert den Mut zur Umsetzung und gleichzeitig verdeutlicht er die Möglichkeiten, die jeder Einzelne von uns hat: Wir können den göttlichen Funken in uns, die Kraft und Energie, die der gesamten Schöpfung innewohnt, jederzeit für unseren persönlichen Erfolg nutzen.

**Wer wagt, gewinnt!**

**Wer mutig ist, denkt voller Optimismus an seine Zukunft.**

Ein solcher Mensch hat große Pläne, will noch viel erreichen in seinem Leben und traut sich auch an neue Aufgaben heran. Können Sie auch so zukunftsweisend denken?

**Training:**

Überprüfen Sie anhand der folgenden Fragen, wie es um Ihre Tatkraft und Ihren Mut bestellt ist und nennen Sie, soweit möglich, konkrete Beispiele:

1. Beruf:
Beurteilen Sie Ihre Arbeit aus der Einstellung heraus: „Wie kann ich sie besser machen?"
Loben Sie Ihre Firma, die Mitarbeiter und die Produkte bei jeder möglichen Gelegenheit?
Sind Ihre persönlichen Maßstäbe im Hinblick auf Quantität und Qualität Ihrer Arbeit jetzt höher als vor drei oder sechs Monaten?
Geben Sie Ihren Mitarbeitern ein erstklassiges Beispiel?


2. Familie:
Ist Ihre Familie heute glücklicher als vor drei oder sechs Monaten?
Verfolgen Sie einen Plan, um den Lebensstandard Ihrer Familie zu verbessern?
Hat Ihre Familie viele anregende Beschäftigungen außer Haus?
Geben Sie Ihren Kindern das positive Beispiel eines mutigen Menschen?

3. Persönlichkeit:
Können Sie ehrlich behaupten, dass Sie heute ein wertvollerer Mensch sind als vor drei oder sechs Monaten?
Führen Sie ein systematisches „Selbstverbesserungsprogramm" durch, um Ihren Wert für sich und für andere zu steigern?
Haben Sie zukunftsorientierte Pläne für mindestens fünf Jahre im voraus?
Sind Sie in jeder Organisation, der Sie angehören, ein nützliches, förderliches Mitglied?

Angst und Furcht lähmen die Kräfte, Mut und Tatkraft verdoppeln sie!

> **„Denke immer daran, dass deine eigene Entschlossenheit, erfolgreich zu sein, wichtiger ist als alles andere!"**

sagte *Abraham Lincoln*; und diese Entschlossenheit, erfolgreich zu sein, ist es auch, die uns immer wieder zum Handeln treibt. Sehen Sie sich die folgende Gegenüberstellung genau an und dann entscheiden Sie: Auf welcher Seite wollen Sie stehen?

| Der ängstliche Mensch | Der freie, mutige Mensch |
|---|---|
| wirkt unsicher und gehemmt | strahlt Sicherheit aus |
| lebt in sich hinein | lebt aus sich heraus |
| hält Emotionen zurück | drückt Emotionen aus |
| spricht ohne Gefühl | spricht mit Gefühl |
| meidet den Umgang mit anderen | sucht den Umgang mit anderen |
| ist körperlich verkrampft | ist körperlich entspannt |
| sucht nach Erkenntnissen | sucht nach Erfahrungen |
| ist mutlos und lustlos | hat Mut und Energie |
| ist unzufrieden | ist zufrieden |
| fühlt sich unglücklich | fühlt sich glücklich |
| kann sich nicht entfalten | kann sich gut entfalten |
| ist erfolglos | ist erfolgreich |
| ist nervös und aufgeregt | ist ruhig und gelassen |
| sucht die Schuld bei anderen | sucht die Schuld bei sich selbst |
| denkt selbstsüchtig | denkt sozial |
| lebt in der Phantasie | lebt in der Wirklichkeit |
| pflegt Tagträume | pflegt tätiges Handeln |
| ist passiv-zurückhaltend | ist aktiv |
| ist leicht beeinflussbar | kann andere beeinflussen |
| spricht leer und leblos | spricht sinnvoll und lebhaft |
| neigt zum Lügen | ist wahrhaftig |
| wird nicht anerkannt | wird überall anerkannt |
| ist meist kränklich | ist meist gesund |
| wird selten reich | kommt zu Wohlstand |
| hat wenig Lebensfreude | genießt das Leben |
| hat eine ängstliche Stimme | klingt entschlossen und selbstbewusst |
| verpasst oft seine Chancen | ergreift seine Chancen |
| meidet andere Menschen | sucht und findet zahlreiche Kontakte |
| ist egozentrisch | ist ein weiser Egoist |

Ich bin ein                    Mensch.

Die besten Ideen nützen nichts, wenn Mut und Tatkraft für die praktische Umsetzung fehlen. Wenn Sie die folgenden Aussagen verinnerlichen, wird sich Ihr Mutpotential stetig erhöhen:

1. Machen Sie sich bewusst, dass Sie Ihre persönlichen Stärken jeden Tag weiterentwickeln können. Sich seiner selbst bewusst zu sein heißt, den Zufall auszuschalten und sich selbst mit neuem Mut auszustatten.  
**Stärken täglich weiterentwickeln**

2. Angst ist Energie, die Sie genauso gut auch positiv für sich arbeiten lassen können! Angst bedeutet Unsicherheit und Unkenntnis, wie sich die Dinge entwickeln werden. Doch genau darin liegt auch die Chance: Sich mit Mut für den richtigen Weg zu entscheiden und ihn zu gehen.  
**Angst in Mut umwandeln**

3. Mut dient als Schubkraft, Ziele zu realisieren und fördert das Selbstvertrauen sowie die Konzentration auf das Wesentliche.  
**Mit Schubkraft Ziele realisieren**

4. Mit neuem Mut gelingt jeder Start ins Handeln leichter. Lehnen Sie es ab, weiterhin die Zeit zu vertrödeln, bevor Sie mit etwas beginnen. Mut spart Zeit!  
**Keine Zeit vertrödeln**

5. Mut heißt Lebenskraft, die Ihnen jeder sofort am Gesicht ablesen kann – Mut bedeutet Charisma!  
**Charisma gewinnen**

6. Ihr Name wird künftig ein Symbol für Mut und Einsatzbereitschaft sein. Sprechen Sie Ihren Namen immer mutig und selbstsicher aus, damit geben Sie Ihrem Leben den richtigen Schwung.  
**Den eigenen Namen deutlich und selbstsicher aussprechen**

7. Mut verändert Ihre Körpersprache und Ausdruckskraft, Mut verbessert Ihre Gesundheit. Mut verleiht Ihnen die Ausstrahlung einer Persönlichkeit, die nicht nur redet, sondern auch erfolgreich handelt.  
**An Ausstrahlung gewinnen**

| | |
|---|---|
| **Mehr Zufriedenheit** | 8. Mut schenkt Ihnen Zufriedenheit und einen Blick für den Sinn Ihres Lebens. Sie können besser mit den Meinungen anderer umgehen und vertreten gleichzeitig Ihre eigenen Ideen mit Nachdruck und Engagement. |
| **Mehr Persönlichkeit** | 9. Zu vielen Taten gehört der Mut unabdingbar dazu. Mut ist eine Qualität Ihrer Persönlichkeit, die Sie bei allen Gelegenheiten noch intensivieren können. |
| **Sich selbst besser kennen lernen** | 10. Fassen Sie immer wieder neuen Mut und lernen Sie dabei sich selbst noch besser kennen. Loten Sie Ihre Grenzen immer wieder neu aus. |

**Mit Mut die Zukunft selbst gestalten**

Ein mutiger Mensch hat Selbstbewusstsein; er strahlt Optimismus und Zuversicht aus und steigert unaufhaltsam seine Kreativität, seinen Erfolgswillen und seinen Tatendrang. Er arbeitet konzentriert an der Verwirklichung seiner Pläne und besiegt dabei innere und äußere Widerstände. Er hat keine Angst vor der Zukunft, weil er weiß: Er wird sie selbst gestalten!

Für unsere persönliche Weiterentwicklung ist mutiges Denken, Planen und Handeln der entscheidende Faktor. Mutig sein heißt dabei nicht „waghalsig sein"; Mut vermeidet das unkalkulierbare Risiko und nimmt stattdessen unsere Ideen ernst, stützt sich auf unsere optimistischen Pläne und führt uns mit innerer Ruhe und Festigkeit zum Ziel.

**Die „Drei Diamanten":**

- Wer mutig ist, denkt voller Optimismus an seine Zukunft.
- „Denke immer daran, dass deine eigene Entschlossenheit, erfolgreich zu sein, wichtiger ist als alles andere!"
- Mut spart Zeit und Kräfte für das Wesentliche.

## Die Macht der Begeisterung

Ein begeisterter Mensch ist voll und ganz von dem überzeugt, was ihn fasziniert; er zieht keine Vergleiche. Er ist sicher, dass er seine Ziele erreichen kann und diese Sicherheit strahlt er auch aus. Doch Begeisterung wirkt nicht nur nach außen: Wer begeistert ist, leidet weniger unter nervösen Spannungen, die Begeisterung verbessert den Stoffwechsel, regt den Kreislauf an, fördert die Verdauung und erweckt allgemeines Wohlbefinden.

**Begeisterung aktiviert die Körperfunktionen**

Wer an seine Ziele glaubt und von ihnen begeistert ist, der verfügt über die bestmögliche Motivation. Er kann auch andere Menschen für seine Pläne begeistern und sie dazu motivieren, in seinem Sinne zu agieren:

**Die bestmögliche Motivation**

> Jede Flamme, die brennt, kann auch andere entzünden.

Durch Begeisterung können Sie andere Menschen

| | |
|---|---|
| aktivieren | entflammen |
| anfeuern | entzücken |
| anspornen | entzünden |
| aufbauen | erfüllen |
| aufmuntern | faszinieren |
| becircen | freudig stimmen |
| beeindrucken | in Ihren Bann ziehen |
| beflügeln | inspirieren |
| beleben | mitreißen |
| bestricken | mobilisieren |
| betören | motivieren |
| bezaubern | neugierig machen |
| einstimmen | stimulieren |
| entfesseln | |

**Training:**

Denken Sie an eine Situation, in der Sie von etwas vollkommen begeistert waren: Wie haben Sie sich gefühlt? Notieren Sie mindestens 15 Stichwörter!

**Lieben und Siegen**

Die reinste Form der Begeisterung ist die Liebe: Wer einen Menschen liebt, ist restlos von ihm begeistert. Wer in seinem Inneren das Feuer der Begeisterung entfacht, der denkt, fühlt und handelt auch voller Begeisterung und Optimismus. Er hat die Einstellung eines Siegers und kann jeden Sieg erringen – sogar den Sieg über sich selbst!

Was Sie denken und glauben, das strahlen Sie auch aus. Diese Ausstrahlung, dieses Charisma ist der schnellste und direkteste Weg zum Mitmenschen; es lässt sich über die Bereitschaft zur inneren Arbeit an sich selbst entwickeln und einsetzen. Charisma ist die Kunst, andere zu verzaubern; an ihrem Charisma erkennt man echte Vorbilder.

Training:

Welche drei Menschen sind Ihre Vorbilder? Nennen Sie Gründe; versuchen Sie festzustellen, worin deren Charisma besteht!

**Andere motivieren**  *„Menschen führen heißt, einen Menschen zu veranlassen, das zu tun, was man will – weil er selbst es will"*, sagte *Dwight D. Eisenhower.* Begeisterung ist das beste Mittel, andere dazu zu bringen, Sie zu unterstützen. Mit Begeisterung beeinflussen Sie Ihre Mitmenschen, ohne sie zu dominieren. Sie motivieren Sie auf dem einfachsten und direktesten Weg, das zu tun, was Ihnen wichtig ist.

**Vorbilder weisen den Weg**  Nur wenn Sie selbst sich an einem oder mehreren Vorbildern orientieren, können Sie Vorbild für andere sein und andere mitreißen. Wer Vorbilder hat, der hat auch Ziele, die zu erreichen sich lohnt. Vorbilder zeigen uns, wie es sein wird, wenn auch wir eines Tages an unserem Ziel ankommen.

Indem wir bewährte Verhaltensweisen adaptieren, machen wir es uns gleichzeitig ein wenig leichter auf unserem Weg zum Ziel. Ein Vorbild ist immer verbunden mit Visionen und Plänen; ein Vorbild ist automatisch ein Motivator, weil er andere zur Nachahmung anspornt.

**Charisma und Motivation**  Charisma und Motivation machen eine solche Person zur Persönlichkeit. Diese Eigenschaften hängen eng miteinander zusammen und entstehen aus dem Feuer der Begeisterung. Die effektivste Methode, dieses innere Feuer zu entzünden und als leuchtende Flamme zu erhalten, ist der Weg über das Unterbewusstsein.

Training:

Wenn Sie Ihre Begeisterungskraft verstärken wollen, dann lernen Sie die folgende Autosuggestion auswendig. Wiederholen Sie diese täglich viermal, damit sie tief in Ihrem Unterbewusstsein wirken kann:

> „Ich bin fest entschlossen,
> die Chancen meines Lebens zu nutzen.
> Da ich meine Ziele sehr liebe, entzünde ich
> in mir das Feuer der Begeisterung.
> Dieses Feuer der Begeisterung schafft in mir die
> körperlichen und seelischen Voraussetzungen für
> meinen persönlichen Erfolg.
> Immer konzentrierter wird mein Verhalten;
> meine Begeisterung drängt mich zum Handeln.
> Ich habe ein Recht auf Erfolg, weil ich ihn nutze zum
> Vorteil der Menschen.
> Das Feuer der Begeisterung ist der Beweis dafür,
> dass ich kein Schattendasein führe.
> Meine Begeisterung hilft mir,
> größte Ziele zu erreichen."

Voller Begeisterung streben wir nach dem Äußersten, um das Mögliche zu erreichen. Der große Dirigent *Herbert von Karajan* sagte einmal: *„Wer behauptet, alles erreicht zu haben, hat sich nie große Ziele gesteckt."* Die Prüfungen und Herausforderungen unserer Zeit können wir nur bewältigen, indem wir mit Optimismus, Mut, Begeisterung und Liebe unsere Ziele verfolgen. Diese Eigenschaften garantieren die innere Weiterentwicklung und legen ungeahnte Ressourcen in uns frei:

**Der Optimist wächst mit seinen Aufgaben!**

Begeisterung ist der wichtigste Faktor, der Ihnen hilft, Ihre Ziele zu erreichen:

- Begeisterung unterstreicht Ihren festen Glauben und Ihre Überzeugung.
- Begeisterung motiviert die Menschen zum Handeln.

- Begeisterung verwandelt negative Aspekte und bringt wie ein Laserstrahl positive Argumente zum Leuchten.
- Begeisterung macht Sie anziehend für andere Menschen.
- Begeisterung nimmt einem Befehl die Härte.
- Begeisterung ist der Schlüssel, der Ihnen Tür und Tor öffnet.
- Begeisterung heißt, Menschen zu beeinflussen, ohne zu dominieren – wer Menschen begeistern kann, kann auf Zwang verzichten.
- Begeisterung heißt, dass Sie Farbe bekennen. Durch Begeisterung können Sie die Gedanken und Gefühle anderer in die Richtung lenken, die Ihnen angenehm ist; sie ist ein Mittel, andere zu veranlassen, Sie zu unterstützen.
- Begeisterung erweckt Begeisterung und Zuversicht.
- Begeisterung lässt keine Langeweile aufkommen.
- Ein begeisterter Mensch zieht keine Vergleiche.
- Begeisterung verleiht Ihnen Glanz und ist ein Zeichen dafür, dass Sie kein Schattendasein führen.

### Die „Drei Diamanten":

- Jede Flamme, die brennt, kann auch andere entzünden.
- Der Optimist wächst mit seinen Aufgaben!
- Begeisterung ist der Schlüssel, der Ihnen Tür und Tor öffnet.

## Bleiben Sie am Ball – Mit Ausdauer zum Erfolg

*Demokrit* hat es seinerzeit so formuliert: *„Es werden mehr Menschen durch Übung tüchtig als durch Naturanlage."* Und *Anna Pawlowa* meinte: *„Niemand kann es mit Talent allein zu etwas bringen. Talent ist eine Gottesgabe; erst harte Arbeit macht daraus Genialität."*

Das zeigt sich immer wieder in den Lebensläufen großer Genies, erfolgreicher Sportler, berühmter Politiker, Manager und so weiter: Wer seine Aufmerksamkeit voller Optimismus und Begeisterung auf seine Stärken richtet, kann die größten Erfolge verbuchen. Die Meisterschaft besteht nicht darin, möglichst vielseitig zu leben, sondern auf seinem Gebiet der Beste zu werden. Und dieses Ziel erreichen wir nur durch konsequentes Üben, Praktizieren, Wiederholen und Verbessern.

**Werden Sie auf Ihrem Gebiet der/ die Beste**

Training:

In welchen Situationen fällt es Ihnen schwer, die Ausdauer aufzubringen, die eigentlich nötig wäre, um Erfolg zu haben? Können Sie sich vorstellen, woran das liegt?

**Ein klares Ziel und Ausdauer garantieren den Erfolg.**

Dieser Merksatz gilt nicht nur für unser Handeln, sondern auch für die Gedanken, mit denen wir uns beschäftigen: Durch die konsequente Wiederholung finden sie leichter Zugang zu unserem Unterbewusstsein und dieses kann uns umso intensiver unterstützen, Lösungen und Umsetzungsmöglichkeiten zu finden. Durch die Wiederholung verdichtet sich die Gedankenenergie, besagt das *dreizehnte Grundgesetz der Lebensentfaltung*:

> **Die ständige Wiederholung einer Idee wird erst zum Glauben, dann zur Überzeugung – auch in negativer Hinsicht.**

**Ausdauerndes positives Denken löscht negative Prägungen**

Achten Sie deshalb darauf, dass sich keine negativen Überzeugungen in Ihren Gedanken festsetzen. Sie lassen sich nicht so einfach wieder hinausdrängen; sie verschwinden erst, wenn Sie sich mit positiven, entgegengesetzten Suggestionen beschäftigen – und hierin die größtmögliche Regelmäßigkeit und Ausdauer aufbringen! Indem Sie konstruktive, optimistische Gedanken beharrlich wiederholen, löschen Sie im Laufe der Zeit die destruktiven, negativen Prägungen aus. Konzentrieren Sie sich auf das, was Sie wirklich können und Sie werden die schlechten, zeitraubenden Angewohnheiten los: *„Eine schlechte Angewohnheit kann man nicht einfach aus dem Fenster werfen; man muss sie die Treppe hinunterboxen, Stufe für Stufe"*, wusste schon *Mark Twain*.

Wiederholung führt also nicht zur Langeweile, sondern im Gegenteil zur Perfektion:

> **Glaube führt zur Tat.**
> **Konzentration führt zum Erfolg.**
> **Wiederholung führt zur Meisterschaft.**

besagt unser *vierzehntes Grundgesetz der Lebensentfaltung*. Durch die Ausdauer, die Sie in der Wiederholung an den Tag legen, werden innere Widerstände abgebaut; was vorher unglaublich, unvorstellbar, unmöglich erschien, wird auf einmal erreichbar! Jede Wiederholung eines Gedankens oder einer Tätigkeit schafft noch größere Vertrautheit. Energien entstehen, die in neue kreative Gedanken münden; das Unterbewusstsein arbeitet immer effektiver mit und Ihr Optimismus wächst mit Ihrem Charisma um die Wette.

Das ständige Wiederholen positiver Gedanken lässt Sie spielend über sich selbst hinauswachsen. Eine Pflanze, die nur einmal gegossen wird, kann sich auch nicht zu einem Prachtexemplar entwickeln; dazu benötigt sie regelmäßige Pflege und Zuwendung. Setzen Sie deshalb auch regelmäßige Wachstumsreize für Ihre innere Weiterentwicklung! Praktizieren Sie Ihre Meditationen mit Ausdauer und sprechen Sie konsequent Ihre täglichen Suggestionen:

**Jede Wiederholung ist eine Vertiefung.**

Training:

Lesen Sie sich die folgende Autosuggestion laut vor und wiederholen Sie diese regelmäßig:

> „Durch Wiederholung wird das Schwerste leicht.
> Mein Fingerspitzengefühl und mein sechster
> Sinn entwickeln sich von Tag zu Tag weiter.
> Mein Unterbewusstsein arbeitet immer präziser.
> Ich werde automatisch immer erfolgreicher."

Ein weiterer wichtiger Aspekt sind in diesem Zusammenhang auch die Reaktionen, die aus unserer Umgebung erfolgen: Je besser wir etwas machen, umso größer ist natürlich die Anerkennung, die uns die Umwelt schenkt. Sie spornt uns an zu

**Anerkennung von außen**

noch größeren Erfolgen, ein positiver Kreislauf setzt sich in Gang.

Auch wir haben die Möglichkeit, die Menschen in unserer Umgebung darin zu unterstützen, sich zu entfalten und immer bessere Leistungen zu erbringen: Ein positives Feedback setzt oft noch größere Kräfte frei. Wenn wir keine Resonanz auf unsere Erfolge erfahren, geht die Motivation verloren, unser Leistungspotential zu pflegen und zu vergrößern und schließlich bleiben auch die Leistungen und Erfolge aus.

**Loben Sie Ihre Mitmenschen!** Deshalb sollten Sie sich vornehmen, mindestens dreimal am Tag anderen Menschen etwas Lobendes, Aufmunterndes zu sagen. Helfen Sie Ihren Mitmenschen, ihre inneren Potentiale zu entwickeln. Wenn Sie die Achtsamkeit für die Erfolge anderer Menschen erhöhen, wird es Ihnen bald zur Gewohnheit werden, den Erfolg überall zu erkennen. Beweisen Sie auch Ausdauer darin, anderen Ihre Anerkennung zu äußern – Sie freuen sich auch, wenn Sie gelobt werden!

**Positive Effekte der Wiederholung** Je öfter wir eine Tätigkeit (oder zu Anfang auch einen Gedanken, einen Wunsch oder eine Zielvorstellung) wiederholen, umso deutlicher werden die positiven Effekte:

- Durch Wiederholung wird theoretisches Wissen zur praktischen Erfahrung.
- Ihr persönliches Können steigert sich; Sie werden sicherer und zuverlässiger.
- Die Leistung als solche wird von Mal zu Mal besser.
- Jede Wiederholung setzt neue Gedanken- und Handlungsenergie frei.
- Ihr Unterbewusstsein arbeitet immer präziser mit.
- Sie entwickeln Ihre Fähigkeiten zur Perfektion!

**Anfangen kann jeder – doch nur durch die Ausdauer wird man zum König!**

Wenn Menschen scheitern, dann liegt dies nicht daran, dass sie keine guten Vorsätze oder Ziele hatten, sondern weil ihnen die Ausdauer fehlte, diese wertvollen Vorsätze konsequent durchzuführen.

Training:

Kennen Sie Menschen, die es durch Übung und beharrliche Wiederholung zur Meisterschaft gebracht haben? Bitte schreiben Sie drei Personen auf:

_____

_____

_____

Überdies gilt: Wer Erfolg hat und weiß, wodurch er diesen Erfolg ausgelöst und verursacht hat, der kann ihn jederzeit wiederholen! Erfolg „erfolgt" nach bestimmten Gesetzen – den *Grundgesetzen der Lebensentfaltung*. Deshalb sollten Sie diese Grundgesetze solange wiederholen und auswendig lernen, bis sie fest in Ihrem Unterbewusstsein verankert sind.

**Erfolg ist wiederholbar**

**Training:**

Notieren Sie drei Situationen, in denen Sie besonders erfolgreich waren. Welche Gesetze hatten Sie befolgt, damit der Erfolg eintreten konnte? Werden Sie diese Erfolge wiederholen oder auf andere Tätigkeiten übertragen?

**Erfolg beginnt mit dem optimistischen Gedanken an Erfolg.**

Wer nicht von Anfang an von seinem Erfolg überzeugt ist, wird ihn auch nicht erreichen. Optimisten haben mehr Erfolg. Einer der zahlreichen Gründe dafür ist, dass Optimisten nicht so schnell aufgeben. Das hat *Martin Seligman* erkannt:

*„Ein optimistischer Mensch ist beharrlich. Wenn er die alltäglichen Rückschläge und sogar die größeren Fehlschläge im Leben erleidet, bleibt er beharrlich. Wenn er bei der Arbeit auf ein*

*Hindernis stößt, macht er trotzdem weiter, vor allem an dem entscheidenden Punkt, an dem auch seine Konkurrenz auf das Hindernis stößt und schlapp zu machen beginnt."*

(Seligman, 1991, S. 315)

**Die „Drei Diamanten":**
- Ein klares Ziel und Ausdauer garantieren den Erfolg.
- Jede Wiederholung ist eine Vertiefung.
- Anfangen kann jeder – doch nur durch die Ausdauer wird man zum König!

## Ein Misserfolg ist keine Katastrophe

*„Lehne es nicht ab, das Negative zur Kenntnis zu nehmen. Weigere dich lediglich, dich ihm zu unterwerfen"*, sagte *Norman Vincent Peale*. Kein Mensch ist so vollkommen, dass ihm alles gelingt. Probleme und Schwierigkeiten zu haben ist kein Zeichen von Schwäche oder Minderwertigkeit, sondern ein ganz normaler Aspekt des Lebens. Die Menschen unterscheiden sich allerdings darin, wie sie mit diesen Schwierigkeiten zurechtkommen und Hindernisse überwinden.

**Probleme sind kein Zeichen von Schwäche**

Viele Schwierigkeiten nehmen wir als solche überhaupt nicht wahr, weil sie uns alltägliche, vertraute Aufgaben geworden sind. Erst wenn uns ein größeres Problem überrascht, fühlen wir uns einen Moment lang überfordert. In solchen Situationen merken wir, ob wir darauf vorbereitet sind, mit Krisen fertig zu werden. Je eher wir grundsätzlich akzeptieren, dass das Leben nicht immer reibungslos verläuft, umso mehr steigern wir unsere Belastbarkeit und lassen uns von Kleinigkeiten nicht aus der Ruhe bringen.

*Optimist oder Pessimist?*
*Das ist hier die Frage ...*

Nach dem „Gesetz der großen Zahl" liegt die Erfolgsquote bei 6:4. Das bedeutet, dass wir damit rechnen müssen, dass auf zehn Handlungen sechs Erfolge kommen und vier Misserfolge. Um sechs Tätigkeiten erfolgreich auszuführen, um sechs Ziele zu erreichen, müssen wir also mindestens zehn Unternehmungen starten.

**Die Erfolgsquote: 6:4**

> **Seine Ziele nicht zu erreichen ist weniger schlimm, als überhaupt keine Ziele zu haben!**

Die Enttäuschung über einen Fehlschlag ist berechtigt und steht jedem Menschen zu; es wird im Leben immer wieder Misserfolge und Probleme geben – aber aus der Enttäuschung darf keine Entmutigung werden! Ein Misserfolg sollte uns dazu motivieren, beim nächsten Ansatz besser vorbereitet zu sein oder vielleicht einen anderen Weg zu gehen. Doch er darf uns nicht verunsichern und in grundsätzliche Zweifel stürzen. Wir müssen immer wieder von neuem Mut fassen und unsere Ziele voller Optimismus weiterverfolgen.

**Enttäuschung: ja – Entmutigung: nein!**

> **Hinfallen ist keine Schande, aber Liegenbleiben ist verachtenswert!**

Optimisten haben grundsätzlich eine positive Einstellung gegenüber Problemen: Sie betrachten sie nicht als etwas, woran sie scheitern könnten, sondern als eine Herausforderung, an der sie sich messen, an der sie wachsen können. Ein Optimist hat ein Ziel und er vertraut auf seine Fähigkeit, dieses Ziel zu erreichen. Sobald er sich auf den Weg zu diesem Ziel macht, ist es unvermeidlich, dass er dabei Hindernisse über-

**Probleme als Herausforderungen betrachten**

winden muss. Die Probleme, die unterwegs auftauchen, geben ihm die Chance zu zeigen, wie fähig er ist. *Albert Schweitzer* sagte einmal: *„Selbst wenn du das Beste willst, darfst du nicht davon ausgehen, dass andere dir Steine aus dem Weg räumen, nein, selbst wenn du das Beste willst, musst du davon ausgehen, dass andere dir immer wieder neue Steine in den Weg legen."*

**Sind wir selbst das Problem?** Manchmal liegt das Problem auch an uns selbst. Wenn wir anders veranlagt wären, einen anderen Charakter hätten, auf andere Art reagieren könnten, dann hätten wir vielleicht mit dieser bestimmten Situation gar kein Problem. Die Frage ist oftmals: Habe ich ein Problem – oder bin ich selbst das Problem?

### Training:

Notieren Sie drei Situationen, die in der letzten Zeit für Sie problematisch waren. Wie hätten Sie diese Situationen lösen können, wenn Sie jemand anders gewesen wären und anders reagiert hätten?

**Kein Problem ist „ein" Problem** Viele Probleme lassen sich bei genauem Hinsehen in mehrere Teilprobleme aufspalten – und verlieren dadurch an Gewicht. Gehen Sie einfach davon aus, dass ein Problem auf verschiedenen Ebenen angesiedelt ist und nehmen Sie dann eine Ebene nach der anderen in Angriff. Beginnen Sie mit dem einfachsten Aspekt und steigern Sie sich dann bis zum Kern des Problems. So gewinnen Sie Vertrauen in Ihre Fähigkeit, die Situation zu bewältigen und wagen sich an immer größere Aufgaben heran.

Erfolg ist die Fähigkeit des Optimisten, Probleme nur in Verbindung mit ihren Lösungen zu sehen – in jedem Problem liegt der Ansatz zu seiner Lösung bereits verborgen. Im Grunde können wir sagen:

**Erfolge sind gelöste Probleme.**

Nun gibt es aber nicht nur die kleinen alltäglichen Probleme, sondern auch die Ereignisse, die uns als vehemente Schicksalsschläge treffen, auf die wir beim besten Willen nicht vorbereitet sind. Im Leben eines jeden Menschen gibt es Niederlagen, denen er nicht ausweichen kann, Tiefschläge, die ihn körperlich und seelisch aus der Bahn werfen. Auch hier unterscheidet sich der Optimist wieder deutlich vom Pessimisten: Der Optimist stellt sich der Herausforderung und nimmt sie an. Er weiß: Der Erfolg liegt in der Überwindung von Widerständen und die größten Widerstände sind oftmals die innerlichen.

**Schicksalsschlägen ins Auge schauen**

Ein Optimist betrachtet Misserfolg und Unglück als Warnsignale, die uns einen Hinweis darauf geben, wo wir etwas grundsätzlich verändern müssen. Er übernimmt Verantwortung für die schwierige Situation und versucht alles, um eine Lösung zu finden. Selbst in der schlimmsten Krise gelingt es einem Optimisten meistens, von der Verzweiflung umzuschalten auf kreatives, konstruktives Lösungs-Findungs-Denken. Als wirksame Suggestion dient ihm der Satz:

**Misserfolge sind Warnsignale**

> „Ich kann es gar nicht erwarten, bis sich etwas Gutes daraus entwickelt."

Aus dieser Einstellung heraus verkraftet er auch einen größeren Rückschlag, denn er weiß, dass er daraus etwas lernen kann und dass die Anzahl der Erfolge immer überwiegt – 6 zu 4! Die Gewissheit, die auf seinen Erfahrungen beruht und das Vertrauen auf seine eigenen Kräfte unterscheiden ihn grundsätzlich von einem Erfolgsneurotiker. Dieser glaubt nämlich, er habe das ultimative Erfolgsrezept, den Stein der Weisen, gefunden und müsse nun immer erfolgreich sein. Doch spätestens angesichts des ersten kleinen Misserfolgs scheitert er und ist ratlos.

Training:

Denken Sie einmal an den größten Misserfolg zurück, den Sie je in Ihrem Leben einstecken mussten. Was haben Sie aus jener Situation gelernt? Inwiefern sind Sie daran gereift? Wie würden Sie reagieren, wenn Ihnen das Gleiche morgen noch einmal widerfahren würde?

**Probleme sind Chancen**

*Dr. Schuller* zitiert in seinem Buch „Erfolg kennt keine Grenzen" einen japanischen Firmenchef, dessen Geschäfte unter der Rezession so stark gelitten hatten, dass sein Marktanteil empfindlich geschrumpft war. Dieser erklärte seinen Führungskräften: *„Wir stehen vor dem größten Problem seit Gründung der Firma und das ist gut so! Diese Probleme sind* *nämlich wie Schmerzen, die der Körper verspürt. Die Natur hat uns dieses Frühwarnsystem geschenkt, das die Notwendigkeit einer Änderung signalisiert."* „Dieser Mann", so Schuller weiter, „betrachtete seine Probleme als Chance, das Hindernis als Gelegenheit, den Augenblick der Wahrheit als Sternstunde. *Wir alle können lernen, aus unseren Schwierigkeiten Nutzen zu ziehen, Frustrationen als eine fruchtbare Erfahrung zu betrachten. Das Problem bietet uns in Wirklichkeit eine Möglichkeit, auf Schwächen im System aufmerksam zu werden und daraus wichtige und unschätzbar wertvolle Informationen abzuleiten."*

(Schuller, 1993)

**Humor ist Lebensenergie**

Ein Optimist ist davon überzeugt, dass sich jedes Problem irgendwie bewältigen lässt, dass jede Krise einmal ein Ende hat und jeder Misserfolg doch auch irgendeinen kleinen Nutzen bringt – man muss den Weg nur sehen wollen! Vielleicht gibt es einen Menschen, der helfen kann, die Lösung zu finden, vielleicht nützt es schon, eine Zeit lang abzuwarten – vielleicht hilft auch ein wenig Humor. Humor ist reine Lebensenergie; doch nur wer diese Energie auch nutzt, kann mit ihrer Kraft etwas bewegen. Humor ist eine der wichtigsten Eigenschaften des erfolgreichen Optimisten. *„Humor ist, wenn man trotzdem lacht"*, lautet die zu Recht viel zitierte Lebensweisheit von *Otto Julius Bierbaum*.

**Humor ist die Kraft, die uns hilft, Schicksalsschläge zu überwinden.**

**Die „Drei Diamanten":**

- Seine Ziele nicht zu erreichen, ist weniger schlimm, als überhaupt keine Ziele zu haben!
- Hinfallen ist keine Schande, aber Liegenbleiben ist verachtenswert!
- Erfolge sind gelöste Probleme.

# Test: Wie mutig sind Sie?

Ihre innere Einstellung spiegelt sich in Ihrem äußeren Auftreten wider. Untersuchen Sie anhand der folgenden Fragen, ob Sie auf andere Menschen einen mutigen, entschlossenen Eindruck machen oder ob Sie eher wie ein schüchternes, unsicheres Mauerblümchen wirken. Kreuzen Sie bitte jeweils die zutreffende Spalte an:

|  | ja | manchmal | nein |
|---|---|---|---|
| Ich beginne ein Gespräch mit einem sympathischen Lächeln. | O | O | O |
| Mein Händedruck ist angenehm fest und selbstsicher. | O | O | O |
| Ich beherrsche meine Gesichtszüge. | O | O | O |
| Mein Körper bewegt sich harmonisch. | O | O | O |
| Ich mache weder zu kleine noch zu große Schritte. | O | O | O |
| Meine Augen erforschen den Gesprächspartner. | O | O | O |

| | | | |
|---|:---:|:---:|:---:|
| Ich wirke auf andere schwungvoll und interessiert. | ○ | ○ | ○ |
| Meine Bewegungen sind kontrolliert und konzentriert. | ○ | ○ | ○ |
| Ich spreche auch vor einer Gruppe frei und natürlich. | ○ | ○ | ○ |
| Mein sicheres Auftreten führt mich immer wieder zum Erfolg. | ○ | ○ | ○ |
| Ich rechtfertige mich selten. | ○ | ○ | ○ |
| Andere Menschen sind fasziniert von mir. | ○ | ○ | ○ |
| Meine ersten Worte sind laut und deutlich. | ○ | ○ | ○ |
| Ich respektiere die Distanzbereiche anderer Menschen. | ○ | ○ | ○ |
| Meine Gesten und Bewegungen wirken stimmig. | ○ | ○ | ○ |
| Ich bin eine Persönlichkeit. | ○ | ○ | ○ |
| Meine Gedanken sind klar und logisch. | ○ | ○ | ○ |
| Ich setze mein Mienenspiel in Gesprächen ganz bewusst ein. | ○ | ○ | ○ |
| Meine Körpersprache ist zwanglos und selbstsicher. | ○ | ○ | ○ |
| Ich laufe weder zu schnell noch zu langsam. | ○ | ○ | ○ |
| Meine Lieblingsbewegungen wirken natürlich und charmant. | ○ | ○ | ○ |
| Ich schaue andere Menschen offen und feundlich an. | ○ | ○ | ○ |

| | | | |
|---|:---:|:---:|:---:|
| Meine Schultern sind gerade und entspannt. | ○ | ○ | ○ |
| Ich trete sehr selbstbewusst auf. | ○ | ○ | ○ |
| Mein sprachlicher Ausdruck ist präzise und sachlich. | ○ | ○ | ○ |
| Während eines Gesprächs habe ich konstanten Augenkontakt. | ○ | ○ | ○ |
| Ich wirke auf andere entspannt und gelassen. | ○ | ○ | ○ |
| Wenn es sein muss, breche ich auch in einen Distanzbereich ein. | ○ | ○ | ○ |
| Ich weiß, was mir wichtig ist und das kann ich auch vermitteln. | ○ | ○ | ○ |
| Meine Ausstrahlung entspricht meinem natürlichen Wesen. | ○ | ○ | ○ |

**Auswertung:**
Zählen Sie nun die Anzahl der Kreuzchen in den einzelnen Spalten zusammen.

Wenn Sie insgesamt über 20-mal „ja" angekreuzt haben, sind Sie mutig, überzeugend und selbstbewusst. Sie kennen Ihre Fähigkeiten und wissen genau, was Sie damit wagen – und auch erreichen können! Sehen Sie sich die Punkte an, die Sie noch nicht ganz beherrschen und trainieren Sie sie in den entsprechenden Situationen. Insgesamt dürfen Sie auf Ihr Auftreten und Ihre Wirkung auf andere Menschen voll und ganz vertrauen.

Haben Sie mehr als 20 Kreuze in den Rubriken „ja" oder „manchmal" angekreuzt, dann können Sie ebenfalls zufrieden sein: Sie bewegen sich in Gesellschaft natürlich und gelassen. Hin und wieder gibt es Situationen, in denen Sie noch mehr Selbstsicherheit ausstrahlen könnten. Haben Sie Vertrauen zu sich und zu Ihren Zielen; Sie besitzen die nötigen Eigenschaften, um den Weg dorthin zu bewältigen! Stärken Sie Ihre Stärken und achten Sie in nächster Zeit in Gesprächen und Begegnungen mit anderen Menschen auf Ihr Verhalten. Erkennen Sie, wo Sie gut sind und machen Sie genau dort weiter!

Sind Ihre Kreuzchen eher über die Rubriken „manchmal" und „nein" verteilt (20 oder mehr), dann sollten Sie dringend an Ihrer Einstellung und Ihrem Erscheinungsbild arbeiten. Beginnen Sie bei Ihrer Körperhaltung, bei Ihrem Blick und Ihren Bewegungen. Trainieren Sie einen festen Händedruck und sicheres Auftreten, sprechen Sie mit lauter, klarer Stimme. Arbeiten Sie mit Suggestionscassetten (zum Beispiel: Nikolaus B. Enkelmann: Ich habe Mut. Mvg Verlag, 1995), um mehr Ausdruckskraft zu erlangen. Schließlich sollen Ihre Mitmenschen sehen, dass da jemand vor ihnen steht, der weiß, was er will und der bereit ist, etwas für seine Ziele zu wagen.

# Kapitel 4: Siegen

*„Für den Sieg gibt es keinen Ersatz."*
Nikolaus B. Enkelmann

## Die Nummer 1 werden – und bleiben!

**Der Erfolg kommt nicht über Nacht**

Erfolg bekommt man nicht geschenkt. Die Nummer 1 zu werden, erfordert großen Einsatz – die Nummer 1 zu bleiben, erfordert kontinuierliches Engagement. Wir Menschen möchten erfolgreich sein, aber die wenigsten sind bereit, erfolgreich zu *werden* – und zwar Schritt für Schritt und nicht einfach über Nacht. Wer nach seinen Idealen leben und seine Ziele erreichen will, der muss auch etwas dafür tun. Glück und Erfolg haben ihren Preis und wer nicht bereit ist, diesen zu bezahlen, der hat das Nachsehen.

Jeder, der im Leben etwas erreicht hat, musste zuvor den notwendigen Einsatz bringen. Lesen Sie einmal in den Biographien großer Wissenschaftler, Künstler, Sportler, Erfinder und anderer erfolgreicher Menschen: Sie haben durch ihre Leistungen bewiesen, dass es möglich ist, größte Ziele zu erreichen. Ein Zirkusartist ist ein anschauliches Beispiel dafür, wie weit der Mensch seine Fähigkeiten trainieren und ausschöpfen kann.

Bei allen erfolgreichen Menschen stand zu Beginn ein Gedanke („Am Anfang jeder Tat steht die Idee"), der sich zu einem brennenden Wunsch, einem erstrebenswerten Ziel entwickelte. Hinzu kam der Glaube an die eigenen Kräfte, das Vertrauen auf die Mitarbeit des Unterbewusstseins, der Mut, den ersten, entscheidenden Schritt auch wirklich zu tun, die Ausdauer und der Optimismus, die Ziele auch bei Misserfolgen und Rückschlägen nicht aus den Augen zu verlieren.

**Der erfolgreiche Weg**

**Training:**

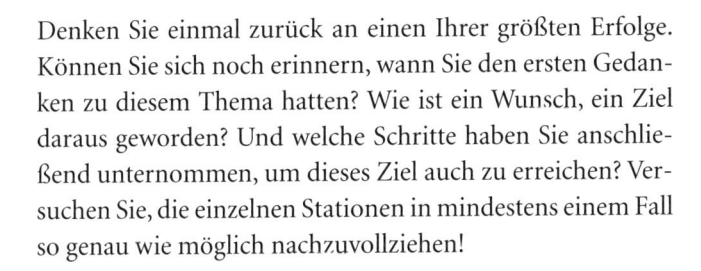

Denken Sie einmal zurück an einen Ihrer größten Erfolge. Können Sie sich noch erinnern, wann Sie den ersten Gedanken zu diesem Thema hatten? Wie ist ein Wunsch, ein Ziel daraus geworden? Und welche Schritte haben Sie anschließend unternommen, um dieses Ziel auch zu erreichen? Versuchen Sie, die einzelnen Stationen in mindestens einem Fall so genau wie möglich nachzuvollziehen!

Der Gedanke – das Ziel – der Glaube – der Mut – die Ausdauer: Das sind die elementaren Faktoren, die jedem Erfolg zugrunde liegen. Erfolg beruht also weniger auf Fachwissen denn auf der Persönlichkeit eines Menschen.

**Die Erfolgsfaktoren**

> Mit einer optimistischen Lebenseinstellung unterstützen Sie Ihre Persönlichkeitsentwicklung.

Alle menschlichen Fähigkeiten lassen sich trainieren und weiter entwickeln. Die gleichen Methoden, die Sporttrainer anwenden, um körperliche Höchstleistungen zu fördern, können auch Sie benutzen, um Ihre geistigen und seelischen Fähigkeiten zu Spitzenleistungen zu entwickeln.

**Der Kontakt zum Unterbewusstsein**

Durch regelmäßiges Entspannen entsteht ein guter Kontakt zu unserem Unterbewusstsein. Vielen wichtigen Impulsen wird im entspannten Zustand (Alpha-Zustand) die Tür zum Unterbewusstsein geöffnet. Was heute noch die Energie des Bewusstseins benötigt, kann schon in kurzer Zeit an das Unterbewusstsein delegiert werden. Denken Sie einmal daran, wie Sie als Kind das Radfahren gelernt haben: Sie mussten die verschiedenen Bewegungsabläufe und Reaktionen so lange üben, bis sie dem Unterbewusstsein eingeprägt waren und von da an automatisch abliefen. Indem Sie wichtige Aufgaben nach und nach an das Unterbewusstsein delegieren, wird die Energie des Bewusstseins frei für größere Gelassenheit und die Entwicklung neuer Wünsche und Ziele.

**Ihr Unterbewusstsein vergisst nichts**

Wenn Sie nun den Erfolg auf einem bestimmten Gebiet vorbereiten, dann lernen Sie alles, was damit zusammenhängt, trainieren es eine Zeit lang – und vergessen es wieder. Ihr Unterbewusstsein jedoch wird es nicht mehr vergessen, sondern im Gegenteil als automatisierte Leistung abspeichern und bei Bedarf schnell und zuverlässig reagieren. Es hat die Regeln verstanden und verinnerlicht und hilft Ihnen, den angestrebten Erfolg intuitiv zu erreichen.

## Ihr Unterbewusstsein ist Ihr bester Mitarbeiter!

Dieser Prozess zur erfolgreichen Persönlichkeitsentwicklung ist unabhängig vom Intelligenzquotienten. Sie benötigen nur ein Mehr an positivem, optimistischem Denken und an Konzentration auf das Wesentliche. Die Energie zur Entfaltung Ihrer Fähigkeiten wird am zuverlässigsten frei, wenn Sie

**Setzen Sie Ihre Energie frei!**

- möglichst oft optimistisch denken, fühlen, handeln;
- regelmäßig den Kontakt zu Ihrem Unterbewusstsein pflegen;
- die geistigen Gesetze und unsere Grundgesetze der Lebensentfaltung genau beachten.

Alles entwickelt sich aus Ihren Gedanken. Wenn es Ihnen gelingt, die Energie Ihres Unterbewusstseins für Ihre Zwecke nutzbar zu machen, dann leben und wirken Sie nicht mehr nur mit Ihrem Verstand, sondern Sie setzen die Summe Ihrer bewussten und unbewussten Kräfte dafür ein, aus Ihren Gedanken letztendlich Erfolge zu machen.

**Beschränken Sie sich nicht auf Ihre Verstandesleistungen!**

Wenn Sie auf diese Weise mit Ihrem Unterbewusstsein zusammenarbeiten, dann wird sich Ihnen auch die Wahrheit, die Stimme Ihres Herzens erschließen. Hierzu gibt es eine schöne östliche Legende, derzufolge die Götter eines Tages beschlossen, das Universum zu schaffen. Sie schufen die Sterne, die Sonne, den Mond. Sie schufen die Meere, die Berge, die Blumen und die Wolken. Und dann schufen sie menschliche Wesen. Ganz zum Schluss schufen sie die Wahrheit. An diesem Punkt entstand jedoch ein Problem: Wo sollten sie die Wahrheit verstecken, damit die Menschen sie nicht sofort fänden? Sie wollten das Abenteuer der Entdeckung verlängern. „Lasst uns die Wahrheit auf den höchsten Berg stellen", sagte einer der Götter, „dort wird sie sicherlich ganz schwer

**Hören Sie auf die Stimme Ihres Herzens!**

zu finden sein." „Lasst sie uns auf dem fernsten aller Sterne verstecken", sagte ein anderer. „Lasst sie uns in den tiefsten und dunkelsten Abgrund stecken." – „Verbergen wir sie auf der unsichtbaren Seite des Mondes." Schließlich sagte der älteste und weiseste Gott: „Nein, wir werden die Wahrheit im Herzen der Menschen verstecken. Auf diese Weise werden sie sie im ganzen Universum suchen, ohne gewahr zu werden, dass sie sie die ganze Zeit in ihrem Herzen tragen."

**Den Erfolg immer wieder von neuem erringen**

Wer mit seinem Herzen und mit seinem Unterbewusstsein in Kontakt steht, der erkennt die Wahrheit; er erkennt auch, wie er sich am besten verhalten soll, um glücklich und erfolgreich zu sein. Es genügt nicht, den einmaligen Erfolg zu erreichen, denn alles im Leben ist der Veränderung unterworfen. Nichts bleibt so, wie es ist, alles ist vergänglich und darum will er immer wieder von neuem errungen werden.

Deshalb brauchen wir auch den lebenslänglichen Wachstumsprozess. Er entsteht immer wieder neu aus klar formulierten Zielen und der starken Überzeugung: *„Glaube führt zur Tat. Konzentration führt zum Erfolg. Wiederholung führt zur Meisterschaft."* Wer auf diese Art seine Erfolge selbst verursacht und bewusst wiederholt, der ist – und er bleibt – ein Sieger.

Training:

Lesen Sie sich den folgenden Suggestionstext durch, lernen Sie ihn auswendig und rezitieren Sie ihn jeden Tag:

> „Ich kann, was ich will.
> Ich bin fest entschlossen, meinem Leben Wert und
> Sinn zu geben, denn ich weiß, was ich will.
> Ich habe einen starken Willen und
> kann mich gut konzentrieren.
> Alle Oberflächlichkeiten verschwinden –
> meine Konzentrationskraft vertreibt meine Unruhe.
> Misserfolge können mich nicht verunsichern,
> nur herausfordern.
> Erst denken, dann handeln, aber nie mit dem Kopf
> durch die Wand, denn es gibt immer eine Tür.
> Wünschen – Planen – Wagen – Siegen –
> das ist mein Motto.
> Ich bin glücklich, denn ich weiß,
> ich kann, wenn ich will."

Ein Optimist ist von seinen Fähigkeiten überzeugt und weiß, dass er sein Leben selbst gestaltet. Das bedeutet für ihn:

- Er hat die Wahl zwischen verschiedenen Möglichkeiten; er kann Alternativen finden und Optionen auflisten.
- Er entscheidet selbst, welche Ziele er sich setzt.
- Er ist für sein Schicksal selbst verantwortlich, denn er ist ein Mensch und keine Marionette.

Die Nummer 1 werden und bleiben – das gelingt Ihnen, wenn Sie voller Optimismus die Chancen wahrnehmen, immer wieder von neuem den Erfolg anzustreben und zu erreichen.

**Die „Drei Diamanten":**

- Mit einer optimistischen Lebenseinstellung und Konzentration wird aus einer Person eine Persönlichkeit.
- Ihr Unterbewusstsein ist Ihr bester Mitarbeiter!
- Ein Optimist weiß, dass er für sein Schicksal selbst verantwortlich ist – und er nutzt diese Chance!

## Die Eigenschaften des Siegers

„Ich bin wichtig"

Wer Erfolg hat, der weiß: „Ich bin wichtig, ich spiele eine Rolle im Leben. Ich bin eine Persönlichkeit" – und diese Meinung von sich selbst strahlt er auch aus. Ein solcher Mensch tritt selbstbewusst auf; er hat eine intuitive Sicherheit in seinem Verhalten.

Training:

Zwei Menschen betreten einen Raum, der Eine ist ein Siegertyp, der Andere ein depressiver Mensch. Woran können Sie erkennen, wer der Sieger ist?

Ausschlaggebend für die Beurteilung dieser Menschen sind: die Körperhaltung, der Augenkontakt und die Stimme.

> **Ein „Sieger" hat ein selbstsicheres Auftreten.**

Die einzelnen Elemente dieses Auftretens sind beeinflussbar. Sie können von jedem Menschen gezielt gefördert und bis zur Perfektion trainiert werden. Nur 15 Prozent unseres Verhaltens wird von den Erbanlagen bestimmt, 85 Prozent unserer Eigenschaften werden von der Umwelt geprägt und von unseren Gewohnheiten bestimmt. Entscheidend ist also, welche Gewohnheiten Sie pflegen. Jeder Mensch kann sicher sprechen und wirkungsvoll auftreten, wenn er es wirklich will und konsequent übt.

**Achten Sie auf Ihre Gewohnheiten ...**

Der Optimist weiß um diese Zusammenhänge und achtet auch auf sein äußeres Erscheinungsbild. *„Für den ersten Eindruck gibt es keine zweite Chance."* Diese Aussage ist wahr – leider, müsste man fast hinzufügen. Wir wissen zwar, dass wir einen Menschen nicht nur nach seinem Äußeren beurteilen sollten – dennoch neigen wir zu schnellen Urteilen aufgrund von Äußerlichkeiten und werden auch selbst daran gemessen. Deshalb ist es so wichtig, dass der erste Eindruck stimmt: Kleidung, Schuhe, Accessoires – die gesamte Erscheinung und natürlich auch die Körpersprache spielen eine große Rolle, wenn es darum geht, eine Persönlichkeit einzuschätzen. Dieses erste Bild von einem Menschen setzt sich in seinem Gegenüber fest und hat eine entsprechend positive oder negative Wirkung. Ein guter Rat: Lächeln Sie, wenn Sie mit jemandem reden!

**... und auf Ihr Erscheinungsbild!**

> **Ein Lächeln schadet nie, aber es kann Ihnen so manche Türen öffnen!**

| | |
|---|---|
| **Wie klingt Ihre Stimme?** | Der nächste Faktor ist Ihre Stimme: Je ruhiger und tiefer sie klingt, umso vertrauenswürdiger erscheinen Sie. Mit einer sanften, aber sicheren Stimme können Sie jedes Gespräch leichter in die gewünschte Richtung lenken. Denken Sie daran, dass man Hektik und Nervosität in der Stimme hört und diese Schwingungen andere anstecken können. Wer in einer schwierigen Situation von vornherein optimistisch an einen positiven Ausgang glaubt, der wird auch in Stimme, Tonfall und Wortwahl besonnen bleiben und genau den richtigen Ton treffen. |
| **Die Stimme wirkt auf den Charakter** | Andererseits lassen sich natürlich auch die Stimme und die Ausdruckskraft trainieren; und die dadurch gewonnene Selbstsicherheit unterstützt wiederum die optimistische Erwartungshaltung. Wer an seiner Stimme arbeitet, der arbeitet am Kern seiner Persönlichkeit. Indem Sie Ihre Stimme verändern, ändern Sie auch die Struktur Ihres Charakters. |
| **Sprechen Sie bewusst!** | Gewöhnen Sie sich an, langsam, deutlich und betont zu sprechen; überprüfen Sie regelmäßig (zum Beispiel mit einem Kassettenrekorder) den Klang und die Höhe Ihrer Stimme. Gerade bei einem ersten Gespräch oder auch bei einem telefonischen Kontakt ist Ihre Stimme wie ein Personalausweis, der einen Eindruck davon vermittelt, wer Sie sind. Übrigens: Lächeln Sie ruhig auch am Telefon! Ihr Gesprächspartner sieht es zwar nicht, aber er hört es! |

### Training:

Überlegen Sie, wie Sie auf Ihre Mitmenschen wirken: Treten Sie meist selbstsicher auf oder sind Sie oft unsicher und gehemmt? Melden Sie sich am Telefon mit Ihrem Vor- und Nachnamen oder bleiben Sie so anonym wie möglich? Notieren Sie fünf Ihrer Verhaltensweisen, die Sie im Umgang mit anderen Menschen für selbstbewusst halten und fünf typische Situationen, die Sie nach eigener Einschätzung dringend verbessern müssten.

Selbstbewusstes Verhalten:

_____
_____
_____
_____
_____

Unsicheres Verhalten:

_____
_____
_____
_____
_____

**Der richtige Schliff**

Ein Diamant-Rohling wird an mindestens 48 Stellen geschliffen, bevor er das Licht in allen Farben widerspiegeln kann und erst durch diesen richtigen Schliff wird er so unwiderstehlich schön. Woher kommt eigentlich der „Glanz"

Ihrer Persönlichkeit? – Geben Sie Ihrer Persönlichkeit durch gezieltes Training den richtigen Schliff!

**Beobachten Sie erfolgreiche Persönlichkeiten**
Konzentrieren Sie sich in den nächsten Tagen einmal darauf, möglichst viel Ruhe und Sicherheit auszustrahlen. Beobachten Sie in Ihrer Umgebung die Menschen, die einen selbstsicheren Eindruck machen; schauen Sie sich in den Fernsehnachrichten oder in politischen Sendungen erfolgreiche Persönlichkeiten an, die an öffentliche Auftritte gewöhnt sind: Studieren Sie deren Augen, die Bewegungen, die Stimme. Arbeiten Sie mit Ihrem Unterbewusstsein zusammen, zum Beispiel mit Hilfe meiner Suggestionskassette „Durch persönliche Anziehungskraft gewinnen". Sie können so viel tun, um Ihrer Ausstrahlung noch mehr Glanz zu verleihen – ergreifen Sie die Chance!

> **Ein Sieger weiß um seine Ausstrahlung – und er nutzt sie für weitere Erfolge!**

**Das „gesunde Selbstbewusstsein"**
Die bekannte Redensart vom „gesunden Selbstbewusstsein" bestätigte kürzlich die *Welt am Sonntag*: „Selbstbewusste Menschen leben gesünder und länger" betitelte sie einen Artikel über eine amerikanische Studie (Nr. 13/1997 S. 35). Diese Studie beurteilt das Selbstwertgefühl von 154 Frauen und Männern: *„Danach gilt derjenige als selbstbewusst, der sich als wichtig, erfolgreich und fähig einschätzt. Die Studie ergab, dass Selbstbewusstsein mit gesunder Lebensweise, Zufriedenheit, starkem sozialen Rückhalt und Langlebigkeit einhergeht."*

Je intensiver also Ihre positive Ausstrahlung und Ihr Selbstbewusstsein sind, umso gesünder leben Sie, umso leichter haben Sie Erfolg – und umso glücklicher und erfüllter wird Ihr Leben. Auch Glück und Erfolg hängen eng miteinander zusammen:

> **Erfolg alleine macht nicht glücklich, aber ohne Erfolg gibt es kein Glück!**

Ein selbstbewusster Mensch hat es also nicht schwer, ein Glückspilz und Sieger zu sein:

**Selbstbewusste Menschen sind „Glückspilze"**

- Er glaubt fest an sich und an seine Möglichkeiten.
- Er genießt es, Glück zu erleben und andere glücklich zu machen.
- Er besitzt die Fähigkeit, Chancen zu erkennen und sie in Erfolge zu verwandeln.
- Er nutzt seine Kräfte dazu, auch unselige Zustände in glückliche umzukehren.
- Er verwirklicht seine Wünsche und Ziele.
- Er macht aus seinen Begabungen Lebenserfolge und wird selbst gestalterisch aktiv.
- Er genießt den Erfolg, denn sobald er erfolgreich ist, produziert das Gehirn Glückshormone, die so genannten Endorphine.
- Er wirkt hochgradig ansteckend und streut in seiner Umgebung „Glücksbazillen" aus.

Wie groß ist die Ansteckungsgefahr, wenn jemand in Ihrer Nähe ist?

**Die „Drei Diamanten":**

- Ein Lächeln schadet nie, aber es kann Ihnen so manche Türen öffnen!
- Ein Sieger weiß um seine Ausstrahlung – und er nutzt sie für weitere Erfolge!
- Erfolg alleine macht nicht glücklich, aber ohne Erfolg gibt es kein Glück!

# Die Erfolgsformel

Sie allein haben die Möglichkeit, darüber zu entscheiden, ob Sie Ihr Schicksal von Ihren Befürchtungen oder von Ihren Wünschen bestimmen lassen, ob Sie sich von einem Tag zum anderen mit zufälligen Ereignissen abfinden oder ob Sie Ihre Erfolge bewusst planen und steuern. Wenn Sie auf dem „erfolgreichen Weg" weitergehen wollen, müssen Sie immer wieder aufs Neue verschiedene Faktoren optimieren, die bei der Entstehung von Erfolg wesentlich beteiligt sind:

- Zielklarheit
- Kraft und Können
- Zeit
- innere Widerstände überwinden
- äußere Widerstände überwinden.

Wenn Sie lernen, diese entscheidenden Faktoren richtig zu handhaben und sie zu Ihren Gunsten zu beeinflussen, werden Sie Ihr Leben aktiv und erfolgreich gestalten und von einem erreichten Wunschziel zum nächsten gelangen. Voraussetzung für den gekonnten Umgang mit diesen Faktoren ist, dass Sie sich zunächst bewusst machen, was sich jewels hinter den Begriffen verbirgt.

**Zielklarheit (Z):** Sie wissen ganz genau, was Sie wirklich wollen!

*Zielklarheit*

Diese Klarheit erreichen Sie, indem Sie sich gezielt mit Ihren Wünschen und Träumen beschäftigen. Wünsche sind der innere Reichtum des Menschen; sie kommen nicht aus dem Intellekt, sondern aus der Seele. Wer seine Wünsche betrachtet, der erkennt sich selbst. Der Optimist, der aus diesen Wünschen konkrete Lebensziele für seine eigene Zukunft macht, erreicht ein großes Maß an innerer Freiheit und Selbstbestimmung. Da es sich um seine eigenen, persönlichen Ziele handelt, erweckt er in seinem Inneren auch gleichzeitig die größtmögliche Motivation zu ihrer Realisierung.

Der freie, selbstbewusste Optimist belässt es nicht bei romantischen Tagträumen, sondern er macht aus seinen Ideen und Wünschen realistische Ziele für die Zukunft. Das unterscheidet ihn von einem „Traumtänzer": Er weiß nicht nur, was er sich (theoretisch) wünscht, sondern kann ganz klar sagen, was er (praktisch) erreichen will.

**Kraft und Können (K):** Sie wissen ganz genau, was Sie können!

*Kraft und Können*

Wer etwas bewegen oder erreichen will, braucht dazu Energie – ohne Energie gibt es keine Bewegung! Ihre wichtigste Kraftquelle ist Ihr Körper; deshalb sollten Sie darauf achten, dass Sie stets auf eine ausreichende, besser noch eine überschäumende Vitalität zurückgreifen können. Es ist besser, immer ein wenig mehr Kraft zu haben, als Sie wahrscheinlich brauchen werden – oft tauchen unvorhersehbare Hindernisse und Rückschläge auf, die Sie leicht aus der Bahn werfen könnten, wenn Sie nicht einen Kraftvorrat angelegt haben.

Die beste Methode, Ihre Kraftreserven immer wieder aufzuladen, ist das mentale Training. Im Alpha-Zustand öffnet sich das Tor zum Unterbewusstsein und ungeahnte Kräfte werden frei. In dieser Entspannung wächst Ihr Selbstbewusstsein. Sie verstärken die Sicherheit, dass Sie alles können, was Sie wirklich wollen; und diese Sicherheit befähigt Sie zu den Leistungen, die notwendig sind, um Ihre Ziele zu erreichen.

**Zeit**    **Zeit (t):** Sie wissen, dass Erfolg sich nicht über Nacht einstellt, sondern Zeit braucht.

Jeder Erfolg hat eine Vorlaufzeit. Ein Aspirin wirkt schließlich auch erst nach zehn Minuten. Also können Sie nicht erwarten, dass ein Apfelbaum, den Sie heute pflanzen, schon in der nächsten Woche die ersten Früchte trägt! Der Erfolgsneurotiker, der hektisch auf den Erfolg losstürmt, übersieht die kleinen Warnsignale und gerät unversehens in eine Sackgasse. Wer sich dagegen auf dem Weg zu seinem Ziel die nötige Zeit und Ruhe nimmt, der kann gravierende Fehler vermeiden und auch die kleinen Misserfolge lassen sich schneller erkennen und leichter ausmerzen.

Wenn Sie schrittweise vorgehen, teilen Sie sich auch Ihre Kräfte besser ein und laufen nicht Gefahr, kurz vor dem Ziel aus Mangel an Energie aufgeben zu müssen. Der Erfolg stellt sich erst am Ziel ein und diesem Ziel nähern Sie sich systematisch und souverän – so werden Sie Sieger!

**Widerstände**    **Innere und äußere Widerstände überwinden (Wi, Wa):** Sie wissen, dass Sie etwas erreichen können und auch erreichen werden, wenn Sie es wirklich wollen.

Sie wissen, dass Sie grundsätzlich über genügend Energie verfügen, um die inneren und äußeren Widerstände erfolgreich zu bekämpfen. Ist Ihnen aber auch klar, dass Sie im Kampf gegen innere Widerstände meistens unnötig viel Energie verschwenden?

Die meisten inneren Widerstände sind Unsicherheiten und Hemmungen. Der beste Weg, sie effektiv abzubauen, ist, sie durch ein selbstsicheres Auftreten zu ersetzen. Und diese Sicherheit können Sie ganz einfach trainieren, indem Sie an Ihrer Stimme arbeiten: *„Wer erfolgreich sein will, muss im Sprechen beherrscht und im Tonfall seiner Stimme absolut sicher sein."* Die Stimme kommt aus Ihrem Innersten; sie verrät genau, wie es in Ihnen aussieht. Wenn Sie durch Ihr Sprechen Sicherheit ausstrahlen, wird Ihr Selbstbewusstsein automatisch gestärkt; Sie verschwenden keine Kräfte mehr im Kampf gegen sich selbst, sondern können sich ganz auf die äußeren Hindernisse konzentrieren.

Der Optimist, der seine inneren Widerstände überwunden hat, verfügt plötzlich über ein gewaltiges Energiepotential und neue Kreativität. Diese kann er nun dafür einsetzen, auch die äußeren Hindernisse, die ihm wohl zwangsläufig begegnen werden, erfolgreich zu überwinden. Je weniger innere Widerstände vorhanden sind, desto leichter wird es ihm fallen, die äußeren Widerstände zu besiegen.

**Die Erfolgsformel**

Kurz zusammengefasst bedeutet das also: Je bewusster Sie über Zielklarheit, Kraft und Zeit verfügen, umso geringer fallen die inneren und danach auch die äußeren Widerstände ins Gewicht. Unsere Erfolgsformel lässt sich also darstellen als Quotient aus den förderlichen und den hinderlichen Faktoren:

$$\frac{Z+K+t}{Wi+Wa} = ERFOLG$$

> **Erfolg ist die Fähigkeit, trotz innerer und äußerer Widerstände unter Einsatz von Zeit und Kraft seine Ziele zu erreichen.**

**Für kleine und große Ziele**

Diese Erfolgsformel ist universell. Sie gilt genauso für die kleinen Vorhaben wie für die elementaren Lebensziele. Indem Sie diese Formel anwenden, aktivieren Sie die bewussten und unbewussten Kräfte in Ihrem Inneren; Sie ziehen automatisch die Situationen und Menschen an, die Sie auf Ihrem Weg voranbringen.

**Konkrete Zukunftsträume sind vollkommene Meditation**

Die Zielklarheit und das Bewusstsein für die nötige Zeit lassen uns Heute schon im Morgen leben; wer so konkret von seiner Zukunft träumt, der erlebt die vollkommene Meditation: Das Unterbewusstsein überprüft die Möglichkeiten, unsere Intuition und das Gespür für das Machbare wachsen automatisch, wir arbeiten sozusagen mit einer sich selbst erfüllenden Prophezeiung.

Diese Formel will Ihnen auch Mut machen, durch positives Denken und Optimismus negative Einflüsse in Ihrem Leben zu überwinden. Besiegen Sie Zweifel und Pessimismus; machen Sie sich immer wieder bewusst, dass Sie grundsätzlich über die wichtigen Faktoren Zielklarheit, Kraft und Zeit verfügen und dass es an Ihnen liegt, wie aktiv und bewusst Sie diese auch einsetzen: Mit ihrer Hilfe können Sie alles erreichen, was Sie wirklich erreichen wollen!

**Die „Drei Diamanten":**

- Klarheit über Ihr Ziel, das Bewusstsein Ihrer Kraft und der geduldige Umgang mit der Zeit sind die wichtigsten Voraussetzungen für Erfolg.
- Der Erfolg stellt sich erst am Ziel ein – halten Sie durch!
- Erfolg ist die Fähigkeit, trotz innerer und äußerer Widerstände unter Einsatz von Zeit und Kraft seine Ziele zu erreichen.

# Erfolgsrezepte kurz und bündig

In diesem Kapitel fassen wir noch einmal die wichtigsten Merksätze und „Diamanten" der vorangegangenen Kapitel zusammen. Streichen Sie sich diejenigen Aussagen und Formulierungen an, die Sie besonders ansprechen und benutzen Sie sie jeweils ein paar Tage lang als Affirmation zur Stärkung Ihres Unterbewusstseins.

Bei dieser Gelegenheit wollen wir Ihnen auch *„Die 14 fundamentalen Schritte zum Lebenserfolg"* vorstellen. Denken Sie über die einzelnen Punkte in Ruhe nach; sie unterstützen und konkretisieren viele der bisher angeführten Merksätze und „Grundgesetze der Lebensentfaltung". Vielleicht nehmen Sie sich auch einmal die Zeit, über die eine oder andere interessante Aussage etwas intensiver zu meditieren:

### Die 14 fundamentalen Schritte zum Lebenserfolg

1. Lernen Sie zuerst das Lernen!
   Lernen erhöht Ihre Chance, erfolgreich zu leben, denn Leben heißt Lernen.

2. Haben Sie Achtung vor sich selbst!
   Denken Sie stets daran: Ihr Körper ist der Tempel Gottes. Sorgen Sie sich um ihn. Achten Sie auch darauf, was Sie für andere sind: Werfen Sie keine Perlen vor die Säue!

3. Seien Sie geistig wach und nutzen Sie alle Chancen!

4. Seien Sie eine Persönlichkeit!
   Urteilen Sie selbst und entscheiden Sie nach Ihrem eigenen Willen. Der optimistische, positiv denkende Mensch ist nur seinem Gewissen verantwortlich. Gehen Sie unbeirrbar Ihren Weg und vertrauen Sie auf Ihren gesunden Menschenverstand und auf die Stimme Ihres Herzens.

5. Glauben Sie felsenfest an sich und an Ihren Erfolg!
   In Ihrem Innern wirken die höchsten schöpferischen Kräfte! Gestalten Sie Ihr Leben mit der Macht der positiven Gedanken.

6. Handeln Sie rationell!
   Das Leben ist kurz, deshalb verschwenden Sie keine Zeit und geben Sie all Ihre Kraft.

7. Handeln Sie stets nach gründlichster Überlegung!
   Die Kunst des Erfolgs besteht zum großen Teil darin, Fehler zu vermeiden. Denken Sie an die Formel: Richtigmachen = Erfolg; Falschmachen = Misserfolg. Bei wichtigen Entscheidungen sollten Sie sich nicht drängen lassen und erst einmal eine Nacht darüber schlafen.

8. Versuchen Sie immer, alles noch einfacher, besser und vollkommener zu machen!
   Nichts ist so gut und vollständig, dass es nicht noch besser gemacht werden könnte. Es lassen sich überall noch weitere Vorteile herausholen.

9. Verfolgen Sie ein konkretes Ziel!
   Wenn Sie folgerichtig und planmäßig handeln, kommen Sie täglich einen Schritt weiter. Das höchste geistige Ziel ist die Entfaltung Ihrer Persönlichkeit.

10. Ärgern Sie sich nicht und haben Sie keine Angst!
    Es ist eines Optimisten unwürdig, sich aufzuregen, sich zu ärgern oder ängstlich zu sein. Ihr Leben vergeht, auch wenn Sie sich ärgern – aber Sie haben nichts davon!

11. Haben Sie ein Herz für andere und seien Sie von Nutzen für andere!
    Denken Sie an Ihre Pflicht gegenüber Familie, Menschheit und Umwelt. Verzeihen Sie auch, wenn man Ihnen Unrecht tut. Achten Sie in anderen die Persönlichkeit; wahre Größe duldet auch andere Größen neben sich.

12. Seien Sie immer freundlich!
    Stehen Sie über den Dingen, wenn Ihnen etwas nicht gelingt und lassen Sie „jedem Tierchen sein Pläsierchen".

13. Achten Sie auf Distanz!
    Wohlwollende Bestimmtheit verschafft Ihnen überall Einfluss. Treten Sie sicher auf; Hemmungen sind nur die Folge von unlogischem Denken.

14. Nutzen Sie die Kraft der Evolution!
    Seit dem Urknall entwickelt sich alles weiter und höher hinaus. Es gibt keine Grenzen – auch für Sie nicht!

**Die wichtigsten Merksätze und Erfolgsrezepte**

- Erfolg ist kein Stillstand, kein Geschenk und auch kein Zufall, sondern ein lebenslänglicher Wachstumsprozess.
- Im Mittelpunkt des Erfolgs steht immer der Mensch.
- Ich kann immer nur einen Gedanken auf einmal denken. Ich entscheide, ob dieser positiv oder negativ ist.
- „Wenn du wirklich etwas willst, werden alle Märchen wahr."
- Der Glaube an den Erfolg ist dasselbe wie der Glaube an die eigenen Möglichkeiten und Ziele.
- Nichts ändert sich, außer ich ändere mich!
- Wer liebt, verfügt über Optimismus und Mut im Überfluss.
- Konzentration ist Verdichtung von Gedankenenergie.
- „Wer einen Stein ins Wasser wirft, verändert das Meer."
- Liebe ist positives, optimistisches Denken in Reinkultur – Liebe ist die Hauptursache für Erfolg.
- Der Optimist ist der eigentliche Realist, denn er sieht immer die Chancen.
- Wir haben ein Unterbewusstsein. Wir sollten es auch nutzen!
- Durch Schreiben wird der Geist Materie.

- Der Alpha-Zustand ist Ihr Schlüssel zum Erfolg.
- Im Streit zwischen Gefühl und Intellekt siegt immer das Gefühl!
- Unser Geist ist unglaublich weise – wir müssen ihn nur befragen.
- Wer in sich selbst ruht, in sich einen Mittelpunkt hat, der ist der Hektik dieser Zeit gewachsen.
- Ein Mensch, der seine Einmaligkeit erkennt und seine Identität bejaht, ist in sich stabil und belastbar.
- Wer nicht an seine Zukunft denkt, der hat keine!
- Jedes Talent entfaltet sich nur durch Betätigung.
- Wer das Äußerste anstrebt, wird das Mögliche erreichen!
- „Denke immer daran, dass deine eigene Entschlossenheit, erfolgreich zu sein, wichtiger ist als alles andere!"
- Jede Flamme, die brennt, kann auch andere entzünden.
- Begeisterung ist der Schlüssel, der Tür und Tor öffnet.
- Anfangen kann jeder – doch nur durch die Ausdauer wird man zum König!
- Seine Ziele nicht zu erreichen ist weniger schlimm, als überhaupt keine Ziele zu haben!
- Humor ist die Kraft, die uns hilft, Schicksalsschläge zu überwinden.

- Für den Sieg gibt es keinen Ersatz.

- Ihr Unterbewusstsein ist Ihr bester Mitarbeiter!

- Wie groß ist die Ansteckungsgefahr mit „Glücksbazillen", wenn jemand in Ihrer Nähe ist?

- Erfolg ist die Fähigkeit, trotz innerer und äußerer Widerstände unter Einsatz von Zeit und Kraft seine Ziele zu erreichen.

- Klarheit über das Ziel, das Bewusstsein der inneren Kraft und der geduldige Umgang mit der Zeit sind die wichtigsten Voraussetzungen für Erfolg.

## Test: Sind Sie ein Optimist?

Nachdem Sie nun dieses Buch konzentriert durchgearbeitet haben und vieles über Optimismus, Erfolg, die effektive Lebensplanung und auch über sich selbst erfahren konnten, möchten wir Sie bitten, den Test aus der Einleitung noch einmal zu wiederholen – Sie werden erstaunt sein, was sich alles geändert hat!

Lesen Sie sich die folgenden Aussagen durch und kreuzen Sie dann spontan an, was auf Sie zutrifft oder nicht zutrifft. Je spontaner Sie auf die Fragen antworten, umso genauer wird Ihr Ergebnis sein:

**Test: Sind Sie ein Optimist?**
**Durch welche Brille sehen Sie Ihre Welt?**

|  | Trifft zu | Trifft nicht zu |
|---|---|---|
| 1. Die meisten Menschen sind sehr freundlich zu mir. | ○ | ○ |
| 2. Ich mache mir wenig Sorgen über Dinge, auf die ich keinen Einfluss nehmen kann (Katastrophen, Tod, Wetter usw.). | ○ | ○ |
| 3. Ich sage häufiger Ja als Nein. | ○ | ○ |
| 4. Man kann mich nicht leicht entmutigen. | ○ | ○ |
| 5. Ich glaube an das Gute in der Welt. | ○ | ○ |
| 6. Ich muss nicht perfekt sein. | ○ | ○ |
| 7. Ich kann aus vollem Herzen lachen. | ○ | ○ |
| 8. Ich habe mich heute schon gelobt. | ○ | ○ |
| 9. Ich denke weniger über meine Misserfolge nach als über meine Erfolge. | ○ | ○ |
| 10. Ich bin oft guter Laune und begeistert. | ○ | ○ |
| 11. Ich kann mich gut konzentrieren. | ○ | ○ |
| 12. Ich kann Komplimente akzeptieren und mich darüber freuen. | ○ | ○ |
| 13. Ich glaube, dass sich alles zum Guten wenden wird. | ○ | ○ |
| 14. Ich fühle mich vital und gesund. | ○ | ○ |
| 15. Ich bin ein Glückspilz bzw. Sonntagskind. | ○ | ○ |

16. Hindernisse motivieren mich – ich bin sehr beharrlich. ○ ○
17. Meine Zukunft wird schön. ○ ○
18. Ich kann andere Menschen Mut machen. ○ ○
19. Von kleinen Missgeschicken lasse ich mir nicht den Tag verderben. ○ ○
20. Ich kritisiere andere nur selten. ○ ○
21. Ich bin mutig. ○ ○
22. Meine Erfolge habe ich selbst verursacht ○ ○
23. Ich habe viele positive Eigenschaften. ○ ○
24. Ich lasse mich von Hindernissen nicht abhalten. ○ ○
25. Ich glaube, dass Erfolg, der natürliche Weg meiner Entwicklung ist. ○ ○
26. Erfolg ist kein Zufall. ○ ○
27. Es gibt viele Dinge, auf die ich mich in den nächsten Tagen freue. ○ ○
28. Ich beschwere mich selten. ○ ○
29. Ich habe gute Erinnerungen an meine Vergangenheit. ○ ○
30. Die Lösung schwieriger Probleme gelingt mir immer, wenn ich mich darum bemühe. ○ ○
31. Meine Freunde finden, dass ich sehr sympathisch und positiv bin. ○ ○
32. Was auch immer passiert, ich werde schon klarkommen. ○ ○

**Auswertung:** siehe Einleitung, Seite 25ff.

# Nachwort

*„Es ist nicht genug zu wissen, man muss es auch anwenden; es ist nicht genug zu wollen, man muss es auch tun."*
Johann Wolfgang von Goethe

Sie haben erkannt, dass aus dem kleinsten Gedankenfunken ein leuchtendes Feuer entsteht. Unser Training soll aus Ihnen einen erfolgreichen Optimisten machen, der sich durch Konzentration, Ausdauer, Motivation, Mut und Begeisterung an die Spitze katapultiert.

Nun sind Sie an der Reihe, verehrter Leser. Was werden Sie TUN???

Jeder Mensch muss seinen eigenen Weg gehen und seine eigenen Ziele anstreben. Setzen Sie Ihr Wissen und Ihre Wünsche um in Taten, machen Sie die Theorie zur Praxis, Ihre Ideen zu Erfolgen! Wenn nicht Sie selbst den Kurs Ihres Lebens bestimmen, dann werden es andere tun! Bestimmen Sie, was in Ihrem Leben „erfolgen" soll und zwar so bald wie möglich. Jedes Talent entwickelt sich nur durch Betätigung – machen Sie aus Ihren Talenten Lebenserfolge!

**Sie bestimmen den Weg**

Stellen Sie am besten *sofort* Ihren persönlichen Aktionsplan auf (verändern können Sie ihn immer noch)! Wichtig ist, dass Sie den ersten Schritt machen und anfangen, Ihr Leben selbst zu bestimmen. Nehmen Sie sich Ihren Zukunftsordner zur Hand und fügen Sie einige leere Blätter hinzu. Auf jedes

Blatt schreiben Sie eine der folgenden Fragen und beantworten diese sofort:

Was ist im kommenden Jahr das wichtigste Ziel?

Was ist noch in diesem Monat das Wichtigste, um diesem Ziel näher zu kommen?

Wann will ich damit beginnen?

Was tue ich heute dazu?

Was ist morgen die wichtigste Aufgabe?

Welche Zwischenziele will ich am Ende der kommenden Monate erreicht haben?

Es ist wichtig, dass Sie am Ende eines jeden Monats überprüfen, ob Sie Ihr Zwischenziel erreicht haben und welche Schritte anschließend zu unternehmen sind.

Mit diesem Plan, mit regelmäßigem Alpha-Training und mit einer optimistischen Lebenseinstellung können Sie alles erreichen, wenn Sie wirklich wollen!

**Wünschen Sie einfach drauflos – planen Sie wie ein Weltmeister – wagen Sie ALLES – und Sie werden siegen!**

# Literaturverzeichnis

Enkelmann, Nikolaus B.:
　Die Sprache des Erfolgs.
　Wien: Linde Verlag, 2007

Enkelmann, Nikolaus B.:
　Der Kennedy-Effekt.
　München: Redline Verlag, 2002

Enkelmann, Nikolaus B.:
　Mentaltraining – der Weg zur Freiheit.
　Offenbach: GABAL Verlag, 2001

Enkelmann, Claudia E. und
Enkelmann, Nikolaus B.:
　Name-Power: Nie mehr ein Nobody.
　Offenbach: GABAL Verlag, 2005

Enkelmann, Nikolaus B. und Tracy, Brian:
　Der Erfolgs-Navigator.
　Wien: Linde Verlag, 2008

Goleman, Daniel:
　Emotionale Intelligenz.
　München/Wien: Carl Hanser Verlag, 1996

Kröners Philosophisches Wörterbuch.
　Stuttgart: Alfred Kröner Verlag, 1982

Meyers Großes Taschenlexikon in 24 Bänden.
　Mannheim: B.I. Taschenbuchverlag, 1992

Peale, Norman Vincent:
    Das Ja zum Leben.
    Landsberg am Lech: mvg Verlag, 1990

Schuller, Dr. Robert:
    Erfolg kennt keine Grenzen.
    München: mvg Verlag, 1993

Seligman, Martin:
    Pessimisten küsst man nicht.
    München: Droemer Knaur, 1991

Welt am Sonntag.
    Zitiert nach: Der erfolgreiche Weg 10/1996

# GABAL — Business-Bücher für Erfolg und Karriere

**Bin ich ein Unternehmertyp?**
152 Seiten
ISBN 978-3-89749-861-7

**Personalbeurteilung im Unternehmen**
184 Seiten
ISBN 978-3-89749-806-8

**Der Prüfungserfolg**
180 Seiten
ISBN 978-3-89749-859-4

**Starke Frauen reden Klartext**
128 Seiten
ISBN 978-3-89749-863-1

**Für immer aufgeräumt**
160 Seiten
ISBN 978-3-89749-735-1

**Der Omega-Faulpelz**
144 Seiten
ISBN 978-3-89749-628-6

**Meine 202 besten Tipps für Verkäufer**
192 Seiten
ISBN 978-3-89749-804-4

**Small Talk von A bis Z**
168 Seiten
ISBN 978-3-89749-673-6

**Kreativitätstechniken**
136 Seiten
ISBN 978-3-89749-736-8

**Führungsfaktor Gesundheit**
160 Seiten
ISBN 978-3-89749-732-0

**Beschwerdemanagement**
184 Seiten
ISBN 978-3-89749-733-7

**Karriere machen, ohne Chef zu sein**
192 Seiten
ISBN 978-3-89749-807-5

Informationen über weitere Titel unseres Verlagsprogrammes erhalten Sie in Ihrer Buchhandlung, unter **info@gabal-verlag.de** oder **www.gabal-verlag.de**.

# ENKELMANN | KÖNIGSTEIN
### Institut für Rhetorik – Management – Zukunftsgestaltung

**SEMINARE MIT NIKOLAUS B. ENKELMANN:**

## Life-Management: Der Erfolgreiche Weg

• das 6-tägige Intensiv-Seminar:

Psychologie des Erfolges • Zukunftsgestaltung • Optimismus
• Erfolgswissen & Entfaltung der individuellen Persönlichkeit
Die Gesetze der Lebensentfaltung • Praxisnahe Anleitung zu mehr beruflichem & privatem Erfolg • Ressourcen aktivieren & verstärken
• Persönliche Lebensträume erkennen & verwirklichen

## Mentale Power: Das Alpha-Training

• das 2,5-tägige Intensiv-Seminar:

Die Macht des Unterbewusstseins erkennen & nutzen
• Das Geheimnis der Sieger • Stärkung der Belastbarkeit
• Entspannt nach oben • Innere Ruhe & Gelassenheit
• Abbau von Stress & Ängsten • Gezielte Selbstmotivation
• Steigerung der Lebensfreude & des Leistungspotential
• Entdecken Sie Ihre persönliche Genialität!

## Rhetorik & Körpersprache

• das 2,5-tägige Intensiv-Training:

Die Macht der Sprache • Menschen überzeugen und gewinnen
• Sicher und souverän auftreten • Abbau von Lampenfieber
• Die Stimme als Erfolgsorgan • Schwächen- & Stärkenanalyse
• Menschenkenntnis & Körpersprache • Gekonnte Verkaufsrhetorik
• Aufbau einer wirkungsvollen Rede • Menschenführung & Motivation
• Der Schlüssel zur Macht • Rhetorik & Erfolg

# ENKELMANN KÖNIGSTEIN
### Institut für Rhetorik – Management – Zukunftsgestaltung

## SEMINARE MIT DR. CLAUDIA E. ENKELMANN:

## Charisma, Rhetorik & Erfolgsstrategien für FRAUEN:

• das 2,5-tägige weibliche Intensiv-Seminar:

Stärkung des Selbstbewusstseins • Grundlagen von Glück, Erfolg & Sicherheit • Souverän auftreten & frei sprechen • Beziehungspsychologie für Erfolgsfrauen • Stärken erkennen & gezielt nutzen • Charisma & Ausstrahlung maximieren • Partnerschaft, Männermotivation & Karriere • Wie Sie alles bekommen, was Sie wollen • Gekonntes Gefühlsmanagement • Erfolgsgeheimnisse & Tricks erfolgreicher Frauen

## Modernes Beziehungsmanagement: Gemeinsam noch erfolgreicher!

• das 1,5-tägige Intensiv-Seminar:

Partnerschaft & Karriere • Was Männer brauchen & Frauen glücklich macht • Überwinden von Krisen & Negativem • Sicherheit & Erfolg durch eine starke Partnerschaft • Unterschiede zwischen Männern & Frauen kennen und humorvoll meistern • Tipps & Anregungen für eine positive & erfolgreiche Partnerschaft

## VORTRÄGE VON DR. CLAUDIA E. ENKELMANN:

- Mit Liebe, Lust & Leidenschaft zum Erfolg
- Was Frauen unschlagbar macht!
- Das Charisma-Training für mehr Erfolg

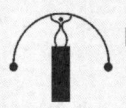

Enkelmann-Institut · Postfach 1180 · 61451 Königstein/Ts.
Telefon 06174/20320 · Fax 06174/24379
Internet http://www.Enkelmann.de

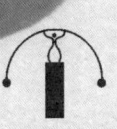

# GABAL
**Bestseller von Stephen R. Covey und Sean Covey**

## Bücher

Stephen R. Covey
**Die 7 Wege zur Effektivität**
368 Seiten
ISBN 978-3-89749-573-9

Stephen R. Covey
**Der 8. Weg**
432 Seiten
ISBN 978-3-89749-574-6

Sean Covey
**Die 7 Wege zur Effektivität für Jugendliche**
352 Seiten
ISBN 978-3-89749-663-7

Stephen R. Covey
**Die 7 Wege zur Effektivität für Familien**
464 Seiten
ISBN 978-3-89749-728-3

Sean Covey
**Die 6 wichtigsten Entscheidungen für Jugendliche**
376 Seiten
ISBN 978-3-89749-847-1

## Hörbücher

Stephen R. Covey
**Die 7 Wege zur Effektivität**
10 CDs,
Laufzeit ca. 615 Minuten
Box, ungekürzt
ISBN 978-3-89749-624-8

Stephen R. Covey
**Der 8. Weg**
12 CDs,
Laufzeit ca. 815 Minuten
Box, ungekürzt
ISBN 978-3-89749-688-0

Sean Covey
**Die 7 Wege zur Effektivität für Jugendliche**
10 CDs,
Laufzeit 557 Minuten
ungekürzt
ISBN 978-3-89749-825-9

Stephen R. Covey
**Die 7 Wege zur Effektivität für Familien**
14 CDs,
Laufzeit ca. 968 Minuten
ungekürzt
ISBN: 978-3-89749-889-1

Stephen R. Covey
**Die 7 Wege zur Effektivität für Manager**
2 CDs
Laufzeit ca. 78 Minuten
2-sprachig; engl./dt.
ISBN: 978-3-89749-890-7

## Kartenset

Stephen R. Covey
**Die 7 Wege zur Effektivität**
Kartendeck mit 50 Karten
ISBN 978-3-89749-662-0

Viele Managementmoden und -trends kommen und gehen – Coveys Prinzipien sind durch ihre Klarheit, Einfachheit und Universalität aktueller denn je.

Informationen über weitere Titel unseres Verlagsprogrammes erhalten Sie in Ihrer Buchhandlung, unter **info@gabal-verlag.de** oder **www.gabal-verlag.de**.

# GABAL — Management

**Re-imagine**
352 Seiten, gebunden
ISBN 978-3-89749-726-9

**Der Halo-Effekt**
273 Seiten, gebunden
ISBN 978-3-89749-789-4

**Projekt Gold**
384 Seiten, gebunden
ISBN 978-3-89749-797-9

**Das Lust-Prinzip**
208 Seiten, gebunden
ISBN 978-3-89749-790-0

**JobSearch**
216 Seiten, gebunden
ISBN 978-3-89749-791-7

**Der Weg zum erfolgreichen Unternehmer**
464 Seiten, gebunden
ISBN 978-3-89749-793-1

**Business Book of Horror**
232 Seiten, gebunden
ISBN 978-3-89749-844-0

**Energize yourself!**
280 Seiten, gebunden
ISBN 978-3-89749-848-8

**Endlich Empfehlungen**
250 Seiten, gebunden
ISBN 978-3-89749-845-7

**Die Storytheater-Methode**
360 Seiten, gebunden
ISBN 978-3-89749-849-5

**Der Mann im weiblichen Jahrhundert**
250 Seiten, gebunden
ISBN 978-3-89749-850-1

**Die unternehmen was!**
208 Seiten, gebunden
ISBN 978-3-89749-852-5

Informationen über weitere Titel unseres Verlagsprogrammes erhalten Sie in Ihrer Buchhandlung, unter **info@gabal-verlag.de** oder **www.gabal-verlag.de**.

Anzeige

## GABAL: Ihr „Netzwerk Lernen" – ein Leben lang

Ihr Gabal-Verlag bietet Ihnen Medien für das persönliche Wachstum und Sicherung der Zukunftsfähigkeit von Personen und Organisationen. „GABAL" gibt es auch als Netzwerk für Austausch, Entwicklung und eigene Weiterbildung, unabhängig von den in Training und Beratung eingesetzten Methoden: GABAL, die **G**esellschaft zur Förderung **A**nwendungsorientierter **B**etriebswirtschaft und **A**ktiver **L**ehrmethoden in Hochschule und Praxis e.V. wurde 1976 von Praktikern aus Wirtschaft und Fachhochschule gegründet. Der Gabal-Verlag ist aus dem Verband heraus entstanden. Annähernd 1.000 Trainer und Berater sowie Verantwortliche aus der Personalentwicklung sind derzeit Mitglied.

**Die Mitgliedschaft gibt es quasi ab 0 Euro!**
Aktive Mitglieder holen sich den Jahresbeitrag über geldwerte Vorteil zu mehr als 100% zurück: Medien-Gutschein und Gratis-Abos, Vorteils-Eintritt bei Veranstaltungen und Fachmessen. **Hier treffen Sie Gleichgesinnte, wann, wo und wie Sie möchten:**

- Internet: Aktuelle Themen der Weiterbildung im Überblick, wichtige Termine immer greifbar, Thesen-Papiere und gesichertes Know-how inform von White-papers gratis abrufen
- Regionalgruppe: auch ganz in Ihrer Nähe finden Treffen und Veranstaltungen von GABAL statt – Menschen und Methoden in Aktion kennen lernen
- Jahres-Symposium: Schnuppern Sie die legendäre „GABAL-Atmosphäre" und diskutieren Sie auch mit „Größen" und „Trendsettern" der Branche.

Über Veröffentlichungen auf der Website (Links, White-papers) steigen Mitglieder „im Ansehen" der Internet-Suchmaschinen.
Neugierig geworden? Informieren Sie sich am besten gleich!

**Lernen Sie das Netzwerk Lernen unverbindlich kennen.**
Die aktuellen Termine und Themen finden Sie im Web unter **www.gabal.de**.
E-Mail: info@gabal.de.

**Telefonisch erreichen Sie uns per 06132.509 50-90.**

*„Es ist viel passiert, seit Gründung von GABAL: Was 1976 als Paukenschlag begann, ... wirkt weit in die Bildungs-Branche hinein: Nachhaltig Wissen und Können für künftiges Wirken schaffen ..."*
(Prof. Dr. Hardy Wagner, Gründer GABAL e.V.)